방구석에서 혼자 읽는
직업 토크쇼

방구석에서 혼자 읽는 직업 토크쇼

4인의 직업인이 전하는 청소년을 위한 진로 특강

초 판 1쇄 2025년 10월 27일

지은이 잇슈, 나른, 마잇 윤쌤, 박근필
펴낸이 류종렬

펴낸곳 미다스북스
본부장 임종익
편집장 이다경, 김가영
디자인 임인영, 윤가희
책임진행 김은진, 이예나, 김요섭, 안채원, 국소리

등록 2001년 3월 21일 제2001-000040호
주소 서울시 마포구 양화로 133 서교타워 711호
전화 02) 322-7802~3
팩스 02) 6007-1845
블로그 http://blog.naver.com/midasbooks
전자주소 midasbooks@hanmail.net
페이스북 https://www.facebook.com/midasbooks425
인스타그램 https://www.instagram.com/midasbooks

ⓒ 잇슈, 나른, 마잇 윤쌤, 박근필, 미다스북스 2025, *Printed in Korea.*

ISBN 979-11-7355-530-5 03370

값 18,500원

※ 파본은 구입하신 서점에서 교환해드립니다.
※ 이 책에 실린 모든 콘텐츠는 미다스북스가 저작권자와의 계약에 따라 발행한 것이므로 인용하시거나 참고하실 경우 반드시 본사의 허락을 받으셔야 합니다.

미다스북스는 다음세대에게 필요한 지혜와 교양을 생각합니다.

4인의 직업인이 전하는 청소년을 위한 진로 특강

머리말   6

진로 한 걸음 심리사에 대한 모든 것

\# 여러분에게 심리사는 어떤 직업인가요   13
1 어떻게 심리사가 되었을까요?   16
2 심리사 준비운동   24
3 심리사는 입으로만 일하지 않는다   38
4 심리사가 바라보는 심리사의 미래는   48
5 심리사와 함께하는 Q&A   55
\# 미래의 심리사들에게 쓰는 편지   64

진로 단어장   알아 두면 쓸모 있는 심리사 용어들   67

진로 두 걸음 초등 교사에 대한 모든 것

\# 여러분에게 초등 교사는 어떤 직업인가요   71
1 어떻게 초등 교사가 되었을까요?   74
2 초등 교사 준비운동   85
3 초등 교사는 초능력자가 되어야 한다   94
4 초등 교사가 바라보는 초등 교사의 미래는   109
5 초등 교사와 함께하는 Q&A   118
\# 미래의 초등 교사들에게 쓰는 편지   128

진로 단어장   알아 두면 쓸모 있는 초등 교사 용어들   131

진로 세 걸음 놀이치료사에 대한 모든 것

\# 여러분에게 놀이치료사는 어떤 직업인가요   137

1 어떻게 놀이치료사가 되었을까요?   139

2 놀이치료사 준비운동   151

3 놀이치료사는 놀아 주기만 하는 게 아니다   159

4 놀이치료사가 바라보는 놀이치료사의 미래는   169

5 놀이치료사와 함께하는 Q&A   179

\# 미래의 놀이치료사들에게 쓰는 편지   187

(진로 단어장) 알아 두면 쓸모 있는 놀이치료사 용어들   190

진로 네 걸음 수의사에 대한 모든 것

\# 여러분에게 수의사는 어떤 직업인가요   195

1 어떻게 수의사가 되었을까요?   198

2 수의사 준비운동   209

3 수의사는 동물과 행복할 줄만 알았다   218

4 수의사가 바라보는 수의사의 미래는   224

5 수의사와 함께하는 Q&A   230

\# 미래의 수의사들에게 쓰는 편지   240

(진로 단어장) 알아 두면 쓸모 있는 수의사 용어들   243

머 리 말

최근 AI의 발달과 함께 우리 사회는 매우 빠른 속도로 변화하기 시작하였습니다. 그에 따라 직업에 대한 가치관도 변화하면서 청소년들의 대학교 진학률이 현저히 낮아지고 있습니다. 특히 유튜브, SNS, 주식 등을 통해 다양한 방법으로 수익화가 가능해지며, 현시대의 아동 청소년들도 자신의 꿈을 고민하기보다는 돈을 버는 수단에만 더욱 관심이 높아졌습니다. 이에 따라 진로에 대한 깊이 있는 고민 없이 단지 금전적 가치만을 좇는 청소년들이 증가하기 시작했습니다.

하지만 이렇게 직업을 선택하고 청년이 된 후에도 진로에 대한 고민을 끊임없이 합니다. 그래서 다른 사람이 무슨 일을 하는지 궁금해하고, 자신이 하는 일이 적성에 맞지 않는 것 같다며 우울해하기도 합니다. 이는 완전한 성인이 된 후에도 마찬가지입니다. 또한 점차 한국 사회에 노인 인구가 증가하면서 이와 같은 현상이 이제는 전 연령대에 이르러 나타나기 시작했습니다.

저희 작가들 역시 진로에 대해 치열하게 고민했던 학창 시절을 보냈습니다. 그리고 지금도 때때로 내가 선택한 직업과 진로에 대해 생각에 잠길 때가 있습니다. 이 책을 집필하고자 했던 가장 큰 동기이자 출발점이 바로 이 부분이었습니다.

'진로를 고민하는 학생들이나 청년들을 위해 직업인으로서 솔직한 이야기를 전하는 글을 쓰면 어떨까?'
'진로나 직업에 대해 건강한 가치관을 가질 수 있도록 도와줄 수 있는 방법이 있을까?'
'다른 사람들에게 좀 더 현명한 방법으로 진로를 선택할 수 있게 해줄 수 있을까?'

이 책에서는 서로 다른 직업을 가진 4명의 어른이 심리사, 초등 교사, 놀이치료사, 수의사로서 자신의 직업에 대한 생각을 독자들에게 들려주고자 했습니다. 먼저 사회에 나와 진로를 결정하고 직업을 갖게 된 사람으로서 학생과 청년들에게 진로나 직업에 대한 고민은 누구나 하는 것이라는 것을 이야기하고 싶었습니다. 무엇보다 작가들 모두가 자신의 분야에서 10년 이상 버텨왔기 때문에 충분한 자격을 갖춘 채 써 내려갈 수 있었습니다.

저희가 가진 4가지의 직업들 중 여러분이 많이 들어 보았거나 익숙한 직업도 있고, 낯설게 느껴지는 직업도 있을 것입니다. 하지만 작가들 모두가 한 마음으로 진로나 직업, 꿈에 대해 고민하는 독자 여러분을 위한 응원을 책에 담았습니다. 그리고 해당 직업을 얻기 위해 알아야 할 정보나 준비해야 할 것들에 대해서도 함께 적어 보았습니다. 각 직업에서 사용하는 용어들에 대한 설명도 적어서 독자들의 이해를 돕고자 했습니다.

이 책에서는 저희가 가진 직업의 장점만 부각하여 보여드리지는 않았습니다. 앞서 언급한 이 책의 집필 계기에 대한 답으로 4인의 직업인 모두 각 직업의 현실적인 내용을 담으려 노력했기 때문입니다. 네 직업의 좋은 점, 보람을 느끼는 점, 자랑스러운 점뿐만 아니라 어려운 점도 함께 이야기하고 있습니다. 직업 현장의 밝고 긍정적인 면만 보여 주는 것이 아니라, 어느 직업이든 고충이 있다는 점도 알려 주고 싶었습니다.

그리고 이 책을 통해 진로와 직업 선택으로 고민하는 여러분에게 당부하고 싶은 말이 있습니다. 시험 성적에 맞춰서, 부모님이나 주변의 조언에 의해 진로를 선택하지 않기를 바랍니다. 우리는 모두 재능과 소질을 하나씩 갖고 태어난 사람들입니다. 우리의 삶의 주인은 나 자신인 만큼 이 책을 통해 스스로에 대해 들여다보는 진지한 시간을 가질 수 있길 바랍니다. 내가 어떤 삶을 살아갈지 깊이 있게 생각하고, 주체적으로 진로 선택을 했으면 합니다. 부디 이 책이 여러분의 진로 선택에 도움이 되길 간절히 바랍니다.

끝으로 부족한 글을 서로 공유하며 더 나은 책을 만들기 위해 애썼던 저희 작가진들, 보다 멋진 컨설팅으로 화룡점정을 찍어 준 미다스북스 출판사의 김은진 팀장님과 관계자 여러분들, 늘 뒤에서 묵묵히 응원해 준 가족과 친구, 지인분들에게 감사 인사를 올리고 싶습니다.

2025. 10.
작가 일동

> 심리사 직업 에세이

진로 한 걸음

심리사에 대한 모든 것

— 전문상담사 잇슈

여러분에게 심리사는 어떤 직업인가요

-물질적 풍요보다 더욱 귀중한 가치를 찾아서-

심리 분야에서 일하다 보면, 종종 이런 말을 듣게 됩니다.

'한 방에 망하려면 사업을 하고, 서서히 침몰하듯 망하려면 심리학을 하라.'

저는 이 말을 심리사로 살아오며 종종 들었습니다.
저와 함께 일하는 다른 분야 현직자 분들도 모두 이 말을 알고 계셨습니다. 그분들도 이 말을 우스갯소리처럼 하고, 저도 그 말을 들을 때마다 그저 웃었습니다.
그렇게 어느덧 16년. 인생의 절반 가까이 심리사로 살고 있습니다.
물론 망하지 않고, 다른 사람들처럼 평범한 전문 직종 종사자로 말입니다.

쉽지 않았습니다.

저희 분야는 다양한 수련에 참여해야 하고, 또 수련 기간도 최소 10년 이상은 되어야 하니까요. 그래서 어떤 친구들은 대학교 심리학과 재학 중 심리사의 길을 포기합니다. 스스로 심리학과를 선택했음에도 불구하고 말입니다.

그리고 대학원에서 또 한 명, 심리사 수련 기간 중 또 한 명, 현장에서 일하다가 또 한 명씩. 하나둘 떠나가는 동료들을 말없이 지켜봅니다. 그들이 떠나는 이유를 이해하기 때문에 '함께 더 버텨보자!'라는 말도 건넬 수 없었습니다.

떠나는 사람들은 대체로 미리 듣고 떠나는 사람과 경험하며 떠나는 사람 이렇게 둘로 구분됩니다. 그만큼 쉽지 않은 분야가 분명합니다.

그럼에도 불구하고 왜? 저는 심리사가 되었을까요.

그리고 왜? 최근 한국 사회에 심리학에 관심 있는 사람들이 늘어나고 있을까요.

저의 이야기는 심리사가 궁금하고, 또 심리사에 관심은 있지만 막상 용기 내는 건 어려운 모든 분들을 위한 진로·직업 참고서로 보시길 추천합니다. 제가 오랫동안 경험해 온 모든 일화를 여기에 담을 수는 없지만, 간략하게 그리고 또 명확하게 여러분이 궁금해할 만한 내용들로 최대한 집약했습니다. 이 이야기들이 심리사에 관심 있는 여러분의 갈증을 조금이나마 해소해 줄 수 있길 바라며, 지금부터 그 문을 함께 열어 보겠습니다.

　저와 함께 할 짧은 여행이 여러분의 일상에 쉼표가 되길.
　그리고 여러분의 미래가 멋진 인생으로 나아가기 위한, 현명한 지혜의 발판이 되길 소망합니다.

어떻게 심리사가 되었을까요?

-처음부터 결정한 진로는 아니었지만-

첫 대학교의 자퇴 경험과 진로 방황의 시기

제가 대학교 때 처음 입학한 학과는 심리학과가 아니었습니다.

고등학생 때 저는 인문계 고등학교의 문과를 졸업했습니다. 하지만 부모님의 기대에 맞추기 위해 이공계열로 교차 지원을 해서 대학교에 입학했습니다. 역시나 문과였던 저에게 물리, 화학, 생물 등 이공계열 대학 과정의 수업은 몹시 어려웠습니다. 결국 저는 첫 번째 대학 선택의 실패에 좌절한 채 자퇴를 하게 되었습니다.

이후 개인적으로 휴식 시간을 갖고 싶었습니다. 처음으로 입학했던 대학교에서 경험한 자퇴 결정이 저에게는 너무 충격적인 사건이었으니까요. 그리고 으레 그렇듯 저의 세대 부모들은 대학교를 가지 않는 자녀를 이해하지 못했습니다. 그로 인해 저는 다시 부모님의 바람대로 청소년교육과에 진학하게 됩니다.

여기서 잠깐, 제가 갑자기 청소년교육과에 진학하게 된 계기를 좀 더 설명하겠습니다.

누구보다도 어머니의 영향이 컸습니다. 당시 저희 어머니께서는 광역시 내의 청소년 수련원에 있는 상담실에서 청소년들을 대상으로 한 상담 자원봉사자로 활동하고 계셨습니다. 그래서 그 기관 직원분들과, 함께 상담 자원봉사자로 활동하는 분들의 의견을 토대로 저에게 청소년교육과를 강하게 추천하셨습니다.

결국 저는 어머니의 바람에 의해 청소년교육과에 갔고, 아버지는 그런 저의 결정을 계속 의심하셨습니다. 저희 아버지는 공무원이셨고, 직업은 뭐니 뭐니 해도 공무원이 최고라는 말만 입버릇처럼 하는 분이셨으니까요. 아버지의 생각에는 공무원이 되려면 행정학과나 다른 학과에 진학하는 것이 맞다는 게 강하셨기 때문에 제가 청소년교육과를 다니는 내내 공무원 준비를 권유하셨습니다. 그래서 저는 청소년교육과에 입학했을 때도 아버지의 말씀대로 학과 졸업과 동시에 공무원 시험을 준비해야 한다는 압박감에 시달렸습니다. 또한 실제로 공무원 강의도 듣고 교재도 구입해서 따로 공부했습니다. 대학교 학과 공부와는 별개로 말입니다.

하지만 아직 이전 학교에서의 자퇴 경험이 남겨준 상처가 채 아물지 않은 상태였습니다. 그래서 학과 생활에 집중하는 것도 공무원 시험을 준비하는 것도 모두 제대로 해낼 수 없었습니다. 그렇다 보니 학과 수업은 기본 학점을 맞출 수 있을 정도만 공부하며, 아르바이트에 더 전념했습니다. 최후의 회피 수단. 그게 저에게는 아르바이트였던 겁니다.

지금 돌이켜 보면, 아마도 그때 제 자아 강도는 많이 취약해진 상태였을 겁니다. 그리고 그때는 초중고등학교에 Wee클래스나 진로상담실이 없었습니다. 그래서 저처럼 자신이 진실로 원하는 진로가 무엇인지도 모른 채 방황하는 친구들이 많았습니다. 학교에서도 상위 30등 내에 들지 못하는 학생들은 온정적인 관심을 받지 못했습니다. 그렇다 보니 단지 취업을 위해 혹은 사회적으로 그럴싸해 보이는 직업을 갖기 위해 성적에 맞춰 대학교에 가는 학생들이 더 많았던 시절이었습니다.

그렇게 속으로 '어차피 아버지가 원하는 공무원만 되면 되니까'라는 생각이 머리에 꽉 찬 상태였습니다. 그리고 그 재밌었을 대학 시절을 스쳐 지나듯 보내 버렸습니다. 제 삶에서 조금 후회되는 시기가 이때입니다. 대학교 친구들하고 좀 더 즐겁게 어울리고 놀아 볼걸.

그렇다 보니 지금까지 읽어 본 내용만 봐도 눈치채셨겠지만. 제 자신이 혼자 고민하고 선택한 진로는 아무것도 없었습니다. 여러분이 궁금해하실 청소년교육과에서 심리학과로 넘어가는 순간까지도 말입니다. 그 구체적인 과정은 다음에서 이어집니다.

미술치료와 심리학

제가 첫 학교를 자퇴한 이후 저희 부모님은 무척 불안해하셨습니다.

제가 사회에서 낙오자나 실패자가 될까 봐. 그 시절에는 지방대를 지잡대(지방잡대)라고 비하하며, 국립대라도 지방대에 진학한 학생들은 인서울에 성공한 학생들과 비교하며 무시하던 때였으니까요. 그래서 저희 부모님도 제가 잠시라도 가만히 있는 모습을 보는 것조차 불안해하셨습니다. 제가 대학교 방학 때 잠깐이라도 쉬거나 아르바이트도 하지 않거나 자격증 취득도 하지 않으면. 계속 '너는 요즘 뭐 하니?'라고 확인하듯 질문하며, 무의식적으로 저를 채근하셨습니다. 나중에 취업한 후 어엿한 성인으로서 살아갈 때 서울 명문대에 진학한 저희 언니와 지나치게 빈부 격차가 나면 안 된다고 말씀하시며.

그러던 중 저희 어머니가 저에게 미술치료 수업을 권유하셨습니다. 아버지가 '둘째는 뭐 해?'라고 물어볼 때마다 가장 불안해하셨던 어머니이시다 보니. 제가 대학교를 졸업할 때까지 가능한 한 많은 자격증을 취득해서 곧바로 취업하길 원하셨으니까요.

어머니의 강요로 인해 여러 자격증을 땄지만, 이 과정에 제 의지와 흥미는 고려되지 않았습니다. 그 문제로 어머니와 몇 번 다투기도 했습니다. 그렇게 제가 몇 번 반항하는 모습을 보이자, 한동안 잠잠했던 어머니가 어느 날 '네가 항상 엄마 원망하니까. 미술치료는 너도 정말 하고 싶다면 참여해 봐.'라고 말씀하시며, 미술치료사 1급 자격증 과정 강의 정보를 건네주셨습니다.

그런데 그건 재밌어 보였습니다. 미술을 잘하지는 않지만, 평소에 미술관에 자주 가서 작품을 관람했고, 역사적인 화가들의 일화들도 무척 흥미롭게 들었으니까요. 그렇게 처음으로 제 스스로 미술치료 강의를 선택해서 듣게 됐습니다. 1급 자격증 과정이다 보니 1년이 넘게 수련을 받아야 했지만, 그조차도 힘들지 않았습니다.

그때 처음으로 심리학과 교수님들을 만나게 되었습니다.

미술치료 수업은 단순하게 그림만 그리는 게 아니었습니다. 미술치료 전문가분들이나 심리학 교수님들을 강사로 초빙한 이론 및 해석 수업도 있었습니다. 그래서 저희 교육생들은 매일 달라지는 주제에 따라 다양한 미술 작업을 체험했고, 활동이 끝날 때마다 강사님들의 해석을 듣기도 했습니다.

사실 앞서 밝힌 것처럼 저희 어머니는 상담 자원봉사자로 활동하고 있었습니다. 그렇다 보니 어머니도 자신의 자기 계발을 위해 저와 함께 미술치료 수업을 들었습니다. 모녀가 나란히 미술치료 수업을 함께 듣고 있는 상황이다 보니, 교육기관 담당자님들과 강사분들에게 그 모습이 퍽이나 관심을 끌게 되었습니다. 어떤 분들은 자신도 자녀와 함께 수업을 듣고 싶다며 부러워하기도 했습니다.

그렇게 교육이 진행되던 어느 날. 어머니를 통해 뜻밖의 추천을 전해

듣게 되었습니다. 미술치료 수업에서 저희를 지도해 주셨던 강사님들 중 심리학과 교수님들이 어머니에게 '따님은 심리학을 시켜 보는 게 어때요?'라고 말씀하셨다는 겁니다. 심리학을 하면 잘할 아이라며.

아직도 그분들이 그때 그 추천을 하신 연유에 대해서는 명확한 답변을 찾지 못했습니다. 하지만 그게 제가 심리학과 진학을 꿈꾸게 된 계기이자 이유였습니다.

대학교와 대학원을 동시에 다닌 학생

그 후 청소년교육과를 졸업한 후, 진지하게 심리학과 진학을 준비하게 됩니다.

하지만 주변에 심리학 전공자가 많이 없다 보니 정보는 많지 않았습니다. 단지 대학교나 대학원에서 심리학과를 졸업해야 한다는 정보뿐이었습니다. 또한 그보다 더한 난관이 심리학과 입학 전부터 저를 기다리고 있었습니다.

저의 심리학과 진학에 대한 어머니와 아버지의 의견 충돌.

제가 자퇴 후 다시 들어갔던 학교는 한국방송통신대학교 청소년교육과였습니다. 그리고 저희 아버지는 '방송대는 학교가 아니다'라는 다소 차별적인 사고가 강한 분이셨습니다. 그래도 대학은 나와야 한다며 고집스럽게 저를 그 학교에 입학시켰지만, 자신의 성에는 차지 않으셨던 겁니다. 지금 시대에 저희 아버지 같은 분은 분명 눈총을 사실 수도 있지만, 그 시절에는 그런 분들이 많다 보니. 저희 어머니도 그리고 제 주변 친구들도 그런 저희 아버지의 사고가 이상하다는 걸 느끼지 못했습니다.

어쨌든 아버지는 제가 대학교를 재입학하길 원하셨습니다. 이미 방송대 4년제를 졸업했음에도 말입니다. 하지만 어머니의 뜻은 또 달랐습니다. 어머니는 제가 이미 방송대 청소년교육과 재학 중에 사회복지사 2급, 평생교육사 2급, 청소년지도사 2급, 직업상담사 2급까지 취득했기 때문에 대학원만 진학해도 충분히 취업할 수 있다고 주장했기 때문입니다.

그렇게 두 분의 의사가 달랐고, 두 분 중 어느 한 분도 양보하지 않았습니다. 그 사이에서 저만 고래 싸움에 끼인 새우가 된 것입니다. 그래서 저는 심리학과에 흥미가 생겨 가 보고 싶었지만, 당시 저의 등록금을 지원해 줄 수 있는 분이 부모님뿐이었기 때문에 두 분의 의사를 모두 충족해야 한다는 압박감에 시달렸습니다.

그로 인해 두 부모님 사이에서 혼자 스트레스를 느끼며 고민하던 중. 네이버 지식인에서 찾아본 결과 대학교는 중복해서 다닐 수 없지만, 대학원은 여러 곳을 동시에 다닐 수 있기 때문에 대학교와 대학원을 동시 진학하는 것도 가능하다는 어느 지식인 분의 답변을 찾아냈습니다.

그리하여 그해. 대학교를 졸업한 것과 동시에 대학교 학사 편입과 교육대학원 상담심리전공 입학을 준비했고, 둘 다 합격하는 쾌거를 이루어 냈습니다.

2

심리사 준비운동

-흔들리지 말고 끝까지 가자-

입학부터 쉽지는 않았지만

사실 이 이야기는 여러분에게 할지 말지 망설였습니다. 하지만 이 책을 선택한 분들에게 조금이나마 도움이 됐으면 하는 바람으로 조심스레 꺼내어 봅니다.

저는 대학교 학사 편입 면접과 대학원 석사 입학 때에도 차별을 당했습니다.
다른 이유는 없었습니다. 단지 제가 그 시절 방송대 청소년교육과 학생이었기 때문입니다. 앞서 밝힌 것처럼 제가 대학교를 다니던 시절에는 방송대와 사이버대 등 온라인으로 수업을 하는 대학교들에 대한 차별적 시선이 심했습니다.
대학교 학사 편입 때 제가 지원한 학교는 지방대 4년제 사립학교였습니다. 저는 학사 편입 지원자였고, 일반 편입 지원자 학생들 다음으로 면접을 봤습니다. 그리고 아무래도 지방대 사립학교이다 보니 학사 편입 지원자는 3인 모집에 저 하나뿐이었습니다. 처음부터 편입 영어 시험이 없는 학교를 찾아서 지원했지만, 그렇게 경쟁률이 낮을 줄은 저 또한 예상치 못했습니다. 어떻게 보면 제가 가야 할 길이었기 때문에 그렇게 운이 좋았나 싶기도 합니다. 어떻게든 갈 운명.

하지만 저의 면접을 보던 세 명의 교수님 중 한 분의 반응이 달랐습니다. 그분은 제가 면접실에 들어갈 때부터 자신의 학교에 학사 편입을 지원한 사람이 한 명밖에 없다는 상황에 대해 불편한 감정을 드러냈습니다. 마치 자존심이 상한다는 듯 말입니다. 그리고 제게 물었습니다.

"방송대 같은 곳을 다녔으면서 성적이 왜 이래요? 공부 하나도 안 했어요?"

당시 제 학점은 평범한 B0였지만, 사이버대를 다니는 학생들의 경우 대체로 A0 이상의 학점이 기본이었기 때문에 저의 학점이 그분의 마음에 들지 않은 것입니다. 아직 대학생의 나이에 그분의 가시 돋친 말은 꽤 충격이었습니다. 그 이후에도 그분으로부터 공격적인 질문을 받았지만, 지금은 그 내용들이 기억나지 않습니다.

제가 지원했던 두 군데 대학원 중 다른 한 곳도 마찬가지였습니다.

그곳은 지방국립대 대학원이었고, 처음에는 교수님들이 제가 청소년 교육과를 졸업했다고 답하자 무척 반가운 기색을 보였습니다. 서울에 있는 모 유명 대학교 출신인 줄 착각했기 때문입니다. 특히 그 시절에는 서울에서 대학교를 졸업한 학생이 지방에 있는 대학원에 진학한다는 건 흔치 않은 일이었으니까요. 하지만 저의 대학교 이름을 듣자마자 교수님들은 몹시 불쾌하다는 표정을 지은 후 저에게는 눈길 한번 보내지 않으셨습니다. 그래서 저는 저와 같이 면접을 본 지원자들이 교수님들과 하하 호호 웃으며 질문과 답변을 주고받는 동안 가만히 앉아 있다가 나와야 했습니다.

인간 병풍이란 게 무엇인지 너무 어린 나이에 체험할 수 있었습니다. 그때 제게 남은 건 눈물을 참기 위해 꼭 쥔 두 손이 저의 손바닥 위에 그려 낸 손톱자국뿐이었습니다. 20분 조금 넘었던 면접 시간이 저에게는 20년 넘는 세월과도 같이 느껴졌던 경험이었습니다.

여러분은 이 이야기를 듣고 어떤 느낌이 드시나요?

여러분 중에도 심리학과 교수님이 어떻게 그럴 수 있는지 놀라는 분도 있나요.

제가 이 일화를 통해 전하고 싶은 이야기는 한 가지뿐입니다.

심리학과를 다니며 해당 분야로의 꿈을 포기하는 친구들 중에는 이처럼 교수님들의 태도에 실망하거나 배신감을 느껴서 포기하는 경우도 있습니다.

일반적으로 우리가 심리학에 대해 전혀 모를 때 떠올리는 우리 분야에 대한 이미지가 '상담심리사' 혹은 '전문상담사'처럼 심리상담을 하는 심리학과 사람들이기 때문입니다. 그래서 심리학과에 진학한 학생들 중에 심리학과 교수님들이 자신을 상담사처럼 대해 주길 기대해서 실망하고 상처받는 경우가 많습니다.

그렇기에 저는 여러분에게 말해 주고 싶습니다.

여러분이 만약 심리학과를 원하고 심리사에 대한 꿈이 있다면, 심리학과 교수님이건 누구건 여러분이 만날 모든 심리학 분야 사람들에 대하여 지나치게 연연하지 않기를요.

저 또한 갑작스러운 진로 변화로 인하여 여러 고난이 있었지만, 처음부터 심리학과를 진학했던 친구들 못지않게 어쩌면 더 무난하게 심리사로서의 삶을 살아가고 있습니다. 대학교와 대학원 입시 때 저를 무시했던 교수님도 계셨지만, 제가 방송대를 다니며 다양한 자격증도 취득했다는 사실을 긍정적으로 평가해 주신 교수님도 계셨습니다. 그래서 저를 거부했던 대학원보다 더 좋은 국립대 대학원에 진학하여 훌륭한 지도 교수님을 만나 무사히 석사도 졸업할 수 있었습니다. 또한, 결국 한 명밖에 지원자가 없었기 때문에 자동으로 입학했던 그 대학교에서도 면접 때 그렇게 저를 무시했던 교수님이 제가 졸업할 즈음에는 저에게 많은 관심을 보이셨습니다. 제가 대학교를 다니는 과정에서도 개인적으로 이루어 낸 심리학 분야의 경력들 때문에.

그렇기 때문에 저는 다시 한번 이 말을 강하게 전하고 싶습니다.
여러분의 꿈은 그 어떤 누구도 함부로 평가하고 훼손할 수 없습니다.
그 사실을 잊지 말고. 여러분이 만약 심리학과를 원한다면, 조금이라도 흥미가 있다면 언제든지 도전해 보기를 말입니다.

모든 직업은 결국 버티는 자가 최후의 승자인 것처럼 심리사도 마찬가지니까요.

대학생 때 심리사를 준비하려면

심리학과 대학교에 진학한 후의 대학 생활에 대해서는 여러분에게 나누어 드릴 이야기가 많지 않습니다. 저는 대학교와 대학원을 동시에 다니기 시작했기 때문에 눈코 뜰 새 없이 바쁜 나날을 보내야 했으니까요.

하지만 분명하게 말씀드릴 수 있는 건 여러분이 만약 대학교에 진학한다면, 학과 내에서 개최되는 다양한 행사나 프로젝트에 참여하길 추천합니다. 최근 한국 사회는 대학생들의 해외 진출도 적극적으로 장려하고 있습니다. 그로 인해 대학교 내에서도 학생들의 취업뿐만 아니라 해외 유학 등에도 도움이 될 만한 프로그램을 다양하게 운영하고 있습니다.

무엇보다 대학교를 다닐 때는 그 나이에만 경험할 수 있는 여러 경험들이 있습니다. 심리사는 결국 사람을 만나서 상담하는 직업입니다. 그렇기 때문에 경험이 다양할수록 심리사로서 일할 때에도 큰 도움이 됩니다. 직접적인 경험만큼 공감에 도움이 되는 방법은 없습니다. 그래서 저는 여러분이 대학 생활 중 대학교 내에서 할 수 있을 만한 활동들의 참여에 대하여 적극적으로 권유합니다.

그리고 지금부터는 대학교를 다니면서 저의 취업에 도움이 되었던 다양한 활동들에 대해 이야기하겠습니다.

첫째, 심리학 자격증과 심리학 관련 분야의 자격증 취득입니다.

저희 분야는 현장에서 심리학 전공자뿐만 아니라 교육학, 사회복지학, 간호학 등 다양한 분야의 근로자분들하고도 함께 일하고 있습니다. 일례로 여러분도 익숙한 청소년상담복지센터를 보면, 특정 상담원을 채용하는 공고문에서 '사회복지사'와 '청소년지도사'를 보유한 인력도 채용한다는 내용을 볼 수 있습니다. 이 자격증들은 결코 심리학과 내의 수업으로만 취득할 수 있는 자격증이 아닙니다. 그래서 미리 취업 준비를 하는 심리학과 학생들은 학과 수업 중 교양 과목이나 계절학기 등을 활용하여 다른 학과에서 해당 자격증들을 취득할 수 있는 과목들을 듣습니다. 혹은 학점은행제 등을 활용하여 필요한 과목만 이수합니다. 대학교를 다니는 동안 학점은행제에서 추가로 자격증 취득을 위한 과목만 수강하는 것도 가능하니까요.

또한, 대학생이 취득할 수 있는 상담사 자격증 중에는 '직업상담사 2급'과 '임상심리사 2급'도 있습니다. 직업상담사는 독학도 가능하며, 임상심리사는 전문 기관에서 수련을 받고 시험을 보면 취득할 수 있습니다. 대학교 수업과 별개로 말입니다.

제가 대학생 때 취득한 미술치료사 자격증도 대학교 수업이 아닌, 따로 외부에서 전문기관을 통해 취득할 수 있는 민간 자격증 중 하나입니다. 심리사 분야에는 다양한 국가자격증과 민간 자격증이 있기 때문에 대학 생활 중 취득할 수 있는 자격증을 최대한 많이 취득해 두는 게 좋습니다.

저는 이전 대학교에서 취득했던 미술치료사 자격증으로 심리학과 대학교 편입 후, 사설 상담 기관의 보조치료사로도 활동할 수 있었습니다. 물론 이전에 다녔던 청소년교육과에서 졸업과 동시에 취득한 직업상담사와 사회복지사, 평생교육사, 청소년 지도사 자격증도 저의 조기 취업에 도움이 되었습니다. 하지만 제가 보조치료사를 시작했던 기관에서 원한 건 미술치료사 자격증이었습니다. 제가 만날 상담 대상자들이 청소년이었고, 청소년들은 주로 미술치료와 같은 도구를 활용한 심리치료를 더 선호하기 때문입니다. 그로 인해 저는 심리학과 학부 생활 중 미술치료사로서도 경력을 쌓고, 급여도 받으며 저의 이력서를 만들어 가기 시작했습니다.

심리사도 결국 전문 직종입니다. 모든 전문 직종은 그 업무를 보다 전문적으로 수행하기 위해 자격증을 요구합니다. 심리사 또한 그러한 의미에서 자격증이 필수인 직업이기 때문에 대학 생활 중 미리 자격증을 취득해 둔다면 여러분이 막 대학교를 졸업했을 때 더 많은 선택지가 주어질 수 있다는 걸 알려 주고 싶습니다. 그리고 여러분의 그러한 노력이 곧 수익 창출로도 연결된다는 현실을요. 그렇기 때문에 저는 자격증 취득을 가장 먼저 추천합니다.

하지만 무조건 자격증만 필요하다면, 저희 학과가 너무 어렵고 재미없게 느껴지겠죠?
그래서 저는 다음의 방법도 추천합니다.

둘째, 자원봉사는 모든 분야의 취업에서 훌륭한 경력이 됩니다.

심리사 분야도 대학생들이 자원봉사를 할 수 있는 활동들이 있습니다. 특히, 심리학과 대학생들을 자원봉사자로 모집하는 경우, 아직 준비되지 않은 게 많다는 걸 기관 측에서도 인지하고 있습니다. 그렇기 때문에 경력 및 자격증 등이 부족한 상태에서도 할 수 있는 봉사 활동이 많습니다. 대학교 학과 교수님 또는 학회 슈퍼바이저 교수님의 프로그램 보조치료사, 학회 연차대회 또는 정기 시험 날의 도우미 역할, 국가기관인 교육청, 사회복지관 또는 심리지원센터에서 운영하는 멘토링 멘토, 사설 상담 기관의 보조치료사 또는 행정 도우미 등입니다.

심리사는 사람을 만나는 분야이며, 그 어떤 직업군보다도 봉사 정신을 중요하게 생각합니다. 그래서 꾸준히 봉사 활동을 했다는 경력은 나중에 여러분이 취업을 시도할 때 이력서를 보는 기관에서 꽤 높은 가산점으로 작용합니다.

사실 자격증 취득은 공부해야 할 게 많기 때문에 부담스럽기도 하고 재미없을 것 같기도 합니다. 하지만 자원봉사는 심리사들이 일하는 현장에서 취업 전에 미리 체험해 볼 수 있기 때문에 또 다른 배움의 장이 되어 줍니다.

저는 여러 번 강조합니다. 심리사는 누구보다도 다양한 경험을 하는 게 가장 큰 무기가 된다는 사실을요. 그러니 심리학 분야의 자원봉사 현장에서 여러 사람들을 만나고 경험하는 모든 것들이 결국 여러분의 자산이 될 것이라고 확신합니다.

청소년도 준비할 수 있는 심리사가 되는 방법

이 책을 읽고 있는 청소년 독자 중에는 이미 심리사에 대한 꿈이 분명한 친구들도 있을 겁니다. 그 친구들은 앞으로 제가 현장에서 만나게 될, 저의 동료가 될 사람들 중 한 명일 겁니다. 그래서 저는 그 친구들을 격려하고 응원하는 마음으로 다음의 정보를 공유하고자 합니다.

첫째, Wee클래스 프로그램과 학교 또래상담사 활동을 추천합니다.

'라떼는'이라는 말로 시작하는 걸 조심하려고 하지만, 어쩔 수 없이 저도 그 말을 해야 할 때가 있습니다. 제가 초중고등학교를 다닐 때는 학교에 Wee클래스가 없었습니다. 그렇다 보니 현장에서 활동하며, 요즘 학교를 다니고 있는 청소년들에게 가장 부러운 게 그것이었습니다. Wee클래스와 또래상담사. 각 학교에 있는 Wee클래스에서는 다양한 심리상담 프로그램이 운영되고 있습니다. 그래서 여러분이 심리사에 관심이 있다면, 여기에서 운영하는 프로그램에 참여하는 게 큰 도움이 될 것입니다.

Wee클래스에서 운영하는 대표적인 활동으로는 '또래상담사'가 있습니다. 또래상담사는 학교의 전문 상담교사가 아닌 학생들이 주축이 됩니다. 한 마디로 내가 고민이 있을 때 나의 고민을 나누고 공감해 줄 수 있는 또래 친구가 상담사가 되어 주는 것입니다. 중요한 건 단순한 친구가 아니라 상담사라는 점입니다. 그렇기 때문에 또래상담사도 전문상담사와 마찬가지로 상담사로서의 기본 교육을 받게 됩니다. 특히, 다른 직업보다 상담심리 분야에서 일하는 게 꿈인 친구들에게는 가장 의미 있는 경험이 될 수 있을 겁니다.

둘째, 고등학교에서 소인수 선택과목으로 심리학 강의가 있는지 찾아볼까요.

몇 년 전부터 특정 고등학교에서는 교육 과정에 주문형 강좌로 심리학 강의가 시작되었습니다. 생각보다 반응이 좋다 보니, 현재는 '소인수 선택과목'으로 자리 잡게 되었습니다. 이 강의는 심리학과 진학을 꿈꾸거나 심리사가 되고 싶어 하는 친구들을 위해 청소년기 때부터 미리 해당 분야의 내용을 경험할 수 있게 해 주는 훌륭한 교육 과정입니다.

더하자면, 심리학과를 희망하지 않더라도 평소에 자기 자신에 대해 궁금해하고, 심리학에 대해 호기심이 있는 친구들이 즐겁게 배울 수 있는 교육 내용으로 구성되어 있습니다. 저도 과거에 주문형 강좌로 심리학 강의를 진행해 본 경험이 있습니다. 그 당시 저의 강의를 수강했던 청소년들은 심리학과를 희망하는 친구보다 그렇지 않은 친구가 더 많았습니다. 하지만 심리학은 사람을 이해하기 위한 학문이며, 배우는 것만으로도 자기 자신에 대해 공부할 수 있는 학문이기도 합니다. 그렇다 보니 제 강의를 수강했던 청소년들이 자신들의 진로가 심리학 분야가 아님에도 불구하고 해당 교육 내용을 통해 스스로에 대해 더 많은 것들을 알게 됐다며 상당히 만족해하는 반응을 보였습니다.

여러분도 자기 자신에 대해 더욱 깊게 탐구하는 시간을 가져 보면 어떨까요?

셋째, 한국심리학회의 '청소년 심리학 교실' 프로그램을 들어 본 적 있나요?

국내에는 '한국심리학회'라는 명칭의 심리학 전문 학회가 있습니다. 이 학회는 심리학과 관련된 다양한 연구와 업무를 진행하는 대표적인 단체입니다. 또한 한국 사회에서 심리사를 필요로 하는 분야와 협업하며, 사회의 복지와 안녕을 위해서도 노력하고 있습니다.

이처럼 다양한 활동으로 바쁜 학회에서 우리 청소년들을 위해 운영하고 있는 건 어떤 게 있을까요? 바로 '청소년 심리학 교실'과 '학부모 심리학 교실'입니다. 여기서 우리 청소년 독자들에게 해당되는 건 '청소년 심리학 교실'입니다.

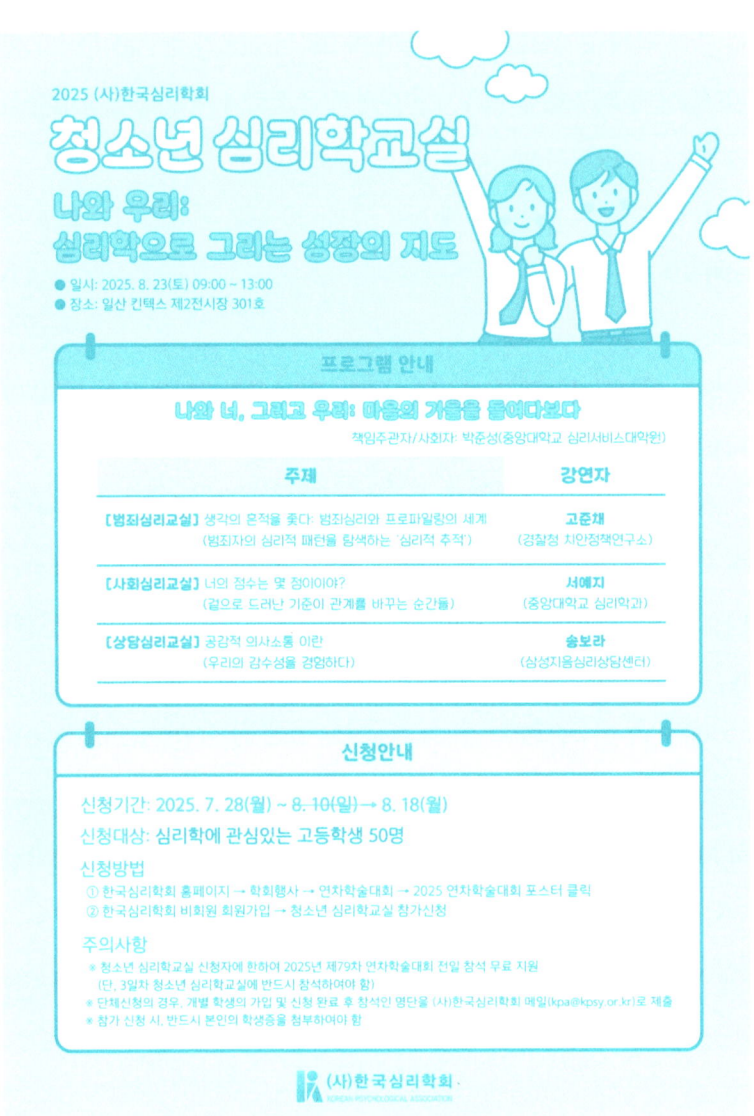

한국심리학회 홈페이지 자료

이 프로그램은 매년 여름 학회에서 운영하는 큰 행사인 연차대회와 함께합니다. 그리고 인원수가 정해져 있기 때문에 해당 학회 홈페이지에서 참가 신청 날짜를 잘 확인하여 선착순에 들어갈 수 있도록 노력하는 게 좋습니다.

아마도 우리 청소년들의 관심이 점점 더 높아진다면, 이 프로그램도 더 많이 발전할 수 있겠죠? 그러면 심리학에 관심 있는 청소년들이 더 많이 참여할 수 있게 되고, 보다 다양한 프로그램들이 여러분을 위해 준비될 것입니다. 이를 위해 가장 중요한 건 우리의 적극적인 관심과 꾸준한 참여일 것입니다. 앞으로 심리사로서 활동하게 될 나 자신과 또 앞으로 같은 꿈을 꾸게 될 여러분의 후배 모두를 위해서 말입니다.

3

심리사는 입으로만 일하지 않는다

-심리사는 앉아만 있는 직업이 아니다-

아이랑 축구를 했어야지

아직도 심리사가 아늑한 의자에 앉아서 가만히 공감만 해 주면 되는 직업이라고 생각하는 사람들이 있습니다. 그래서 자신들의 직업보다 훨씬 편안하게 일하는 것 같다며, 늦은 나이에 잘못된 편견과 선입견을 갖고 이직을 시도하는 분들도 종종 보았습니다.

과연 심리사는 그들의 생각만큼 편안한 직업일까요? 제가 주로 일한 분야는 상담심리분야이기 때문에 상담사라는 명칭으로 저의 일화를 적어 봅니다.

제가 막 상담사로서 일을 시작했을 무렵입니다. 그때는 아직 20대였다 보니, 나이 차이가 많이 나지 않는 청소년들을 상담하기 위해 청소년상담복지센터에 취업했습니다. 경험도 자격증도 부족한 게 많았기 때문에 저의 선택지는 많지 않았습니다. 그래서 처음 시작한 업무가 시간제 청소년 동반자 프로그램이었습니다.

  이 프로그램에 대해 들어 본 사람도 있고, 경험해 본 사람도 있을 것입니다. 지역 사회에서 심리적 지원이 필요한 청소년들을 대상으로 상담사들이 직접 출장을 가서 상담하는 시스템입니다. Wee센터나 Wee클래스에서 의뢰를 받기도 하고, 지역아동센터나 그 외 기관에서 의뢰를 받으면, 상담사가 그곳까지 직접 방문해서 상담을 합니다.

  제가 그때 처음 맡았던 내담자는 지역아동센터에서 의뢰한 초등학교 5학년 남자아이였습니다. 분명 '청소년'을 대상으로 하는 프로그램인데 왜 초등학생을 만나는 걸까요? 그건 바로 청소년상담복지센터가 청소년기본법에 따르는 청소년들을 수용하는 전문 기관이기 때문입니다. 말하자면, 이 법에서는 청소년의 나이를 9세부터 24세까지 규정하고 있기 때문에 초등학생도 대학생도 이 프로그램의 혜택을 받을 수 있는 것입니다. 그리고 여기서 바로 우리가 상담사 자격증 이외에도 다양한 자격증을 취득해야 하는 이유가 나옵니다.

  이러한 배경에서 처음 의뢰를 받고 직접 만나러 갔던 초등학교 5학년 남자아이는 워낙 외부 활동 놀이를 좋아해서인지 피부가 햇빛에 까맣게 그을려 있었습니다. 20대 중반인 제가 볼 때 아이는 무척 귀엽고 순수해 보였지만, 그 아이의 입장에서 저는 반가운 사람이 아니었습니다. 왜냐하면 아이는 자발적으로 상담을 신청한 게 아니라 보호자에 의해 신청한 상황이다 보니, 저를 만날 시간에 1분이라도 더 친구들하고 놀고 싶었기 때문입니다.

그렇게 첫날 하루는 아이가 나름 저와의 상담 시간을 잘 버텨 주는 듯 보였습니다. 자신이 상담을 받는다는 것도 알지 못한 채 학교가 끝난 후 지역아동센터에 도착하자마자 저를 만났으니까요. 그래서 그날은 무난하게 지나가는 듯 보였지만, 아니나 다를까. 제가 두 번째 방문을 했던 날, 아이는 지역아동센터로 들어오는 입구에서 제가 센터 안에 있는지 확인하는 행동을 보였습니다. 마치 작은 동물처럼. 문 앞 입구에서 고개를 빼꼼 내밀고 제가 있는지 없는지 보려고 낑낑대고 있었습니다. 이를 본 지역아동센터 담당 선생님이 그런 아이의 행동에 당황해하며, 아이를 제 앞에 직접 데려다줄 때까지. 그 아이는 스스로 제 앞에 서지 않았습니다.

결국 타의에 의해 제 앞에 앉게 된 아이. 그때 저는 미술치료 자격증을 취득한 상황이었고, 초등학생을 상담해야 한다는 마음에 나름 야심 차게 다양한 미술 도구도 가져갔습니다. 하지만 아이는 지루해 보였고, 그 모습에 저는 물어봤습니다.

"선생님하고 상담하는 거 심심해?"

"…조금."

"그럼 어떻게 하면, 선생님하고 상담하는 게 재밌을까?"

"…으음…. 축구!"

"축구?"

"네. 축구! 저는 축구를 좋아해요!"

"선생님이 축구를 같이 했으면 좋겠어?"

"네!"

순간 아이의 눈동자는 별빛을 담아놓은 것처럼 반짝거렸고, 저는 몹시 난감한 상황이었습니다. 그래서 교수님께 배운 대로 솔직하게 답변했습니다.

'상담사는 언제나 정직해야 한다'라며, 상담사의 정직성을 강조하던 교수님.

"아… 어쩌지? 선생님은 축구할 줄 모르는데…."

"…."

눈에 띄게 실망한 표정으로 고개를 푹 숙인 채 제가 준비한 미술 도구만 만지작거리던 아이의 모습. 순간 아차 싶은 마음에 당황하여 급하게 다른 건 하고 싶은 게 없는지 물었지만, 아이는 그저 고개만 좌우로 절레절레 흔들 뿐이었습니다.

그리고 우리는 다음을 예상할 수 있겠죠? 결국 그 아이는 다음 상담때 제가 그곳까지 출장을 갔음에도 불구하고, 지역아동센터에 아예 방문하지 않는 방법으로 도망쳤습니다. 혹시나 하는 마음에 약속된 상담 시간 내내 기다렸지만, 그날 아이는 끝내 나타나지 않았습니다.

그렇게 상담이 중도 하차 되는 상황으로 인하여 급히 열린 사례 회의.

모든 상담사는 기관에 소속되어 일할 때 사례 회의라는 걸 하게 되어 있습니다. 우리가 상담을 더욱 잘할 수 있도록 그리고 내담자가 더욱 훌륭한 수준의 상담 서비스를 받을 수 있도록. 기관 내부에서 지속적으로 관리하고 노력하는 것입니다.

그 상담 실패로 인한 사례 회의는 그렇게 길게 진행되지 않았습니다. 이제 막 상담을 시작했던 저에게는 너무 당황스러운 상황이었지만, 이미 여러 해 동안 다양한 내담자를 만나봤던 선배 심리사들과 팀장님에게는 모두 공통된 답이 정해져 있었으니까요.

"아이랑 축구를 했어야지."

초보 상담사에게는 도저히 상상하기 어려웠던 선배 상담사의 답변.

그러니까 지금은 아니지만, 그때는 저 또한 상담사에 대한 편견과 선입견이 있었던 것입니다.

'상담사니까 당연히 앉아서 대화로 상담해야지.'

그로 인해 경험하게 된 뜻깊은 자아 성찰의 기회.

결국 심리학을 전혀 모르는 순수한 초등학교 5학년 남자아이가 제게 가장 큰 스승이 되어 주었던 것입니다. 왜냐하면 그 상담 경험을 바탕으로 그 이후 저 또한 상담사가 상담실에 앉아서 대화로 상담만 하는 직업이라는 고정관념을 완전히 떨쳐 버렸기 때문입니다.

어떨 때는 무단결석 때문에 중도 탈락 위기인 청소년의 집까지 데리러 가는 게 상담이 되기도 하고. 또 어떨 때는 부모 대신에 함께 밥을 먹으며 하루 동안 있었던 일들에 대해 소소하게 대화를 나누는 시간이 상담이 되기도 했던 다양한 경험들. 그 모든 일화들이 제가 상담사로서 현장에서 오래 버틸 수 있게 해 준 원천이었습니다.

단 한 명의 축구 소년을 통하여.

심리사는 상담사만 있는 게 아니다

저는 어느 분야에서 일하는지에 따라서 제 소개를 다르게 하고 있습니다.

 어딘가에서 저는 한국상담학회의 전문상담사이며, 또 어딘가에서는 경찰서 소년범 전문가 참여제에서 활동하고 있는 범죄심리사라고 말합니다. 그리고 어떤 때는 법무부 보호관찰위원 혹은 경찰청 해바라기센터의 진술분석전문가라고 합니다.

 저의 직업명이 다양하다 보니 이 글을 읽는 독자들도 당황스러울 수 있습니다.
 그런데 이 모든 직업이 심리사로서 활동할 수 있는 여러 분야의 직업이라는 걸 아시나요?

 앞서 제가 설명드린 것처럼 심리학과와 심리사라고 하면, 일반적인 사람들은 주로 상담을 하는 상담심리사를 떠올립니다. 하지만 실제로는 한국심리학회의 분과 학회에서 분류되는 것만으로도 상담심리사, 임상심리사, 범죄심리사, 발달심리사 외 기타 등등 다양한 심리사가 있으며, 채용 당시 '심리사' 또는 '상담사'라는 명칭의 자격증명을 중심으로 선발하기 때문에 여러 심리사들이 한 기관에 모이는 경우가 많습니다.
 마치 의사 선생님들이 내과, 이비인후과, 정형외과 등이 다르고, 변호사님들이 형사 전문, 교통사고 전문, 민사 전문 변호사가 다른 것처럼. 심리학도 세부 전공과 수련 내용에 따라 그 자격증에 차이가 있습니다.

그런데 왜 저희는 다른 자격증을 가지고 같은 직장에서 모이게 되는 걸까요?

말하자면, 저는 상담심리 전공이며, 해당 분야에서 전문상담사로 정착했습니다. 다만 제가 만나는 내담자들이 학교 중도 탈락 위기 청소년이나 비행 청소년 등도 있다 보니, 자연스럽게 범죄심리 분야에서도 일하게 되고 수련도 받게 되었습니다. 이처럼 심리사 중에는 저와 마찬가지로 한 가지만 아니라 다른 분과의 자격증도 취득하는 사람들이 종종 있습니다.

'내담자는 무조건 옳다.'

제가 상담심리사와 전문상담사 수련을 병행할 때 교수님들이 강조했던 말씀입니다.

내담자의 건강과 안녕을 위해 때때로 그들이 지나치게 비합리적인 생각과 행동을 보인다면, 올바른 말을 건네야 하는 게 맞지만. 기본적으로는 우리가 다양한 사람들을 더 많이 이해할 수 있도록 보다 풍부한 전문지식과 경험을 갖춰야 하는 게 중요하다는 겁니다.

이 현상은 심리사를 필요로 하는 분야가 과거와 달리 상담소나 상담센터 등 단편적인 장소뿐만 아니라, 학교상담센터, 대학상담센터, 관공

서 및 기업의 사내 상담실, 국가기관 공무원 외 기타 등등 다양한 기관에서 다양한 직책으로 존재한다는 것을 보여 주기도 합니다.

그렇기 때문에 심리학에 관심이 많은 독자들에게는 더 다양한 분야로 진출할 수 있다는 점이 좋은 정보가 될 것 같습니다.

심리사도 기본적인 행정 업무는 필수이다

심리사에게 가장 중요한 업무 중에 하나는 무엇일까요?

비밀보장? 내담자의 안녕과 정신적 건강을 위한 노력? 심리사의 전문적 능력 향상을 위한 수련? 이 글을 읽고 있는 독자들이 예측하는 업무들도 모두 중요하겠지만, 특히 우리가 간과하고 있는 업무는 바로 행정 업무입니다.

행정 업무가 무엇일까요? 그리고 왜 심리사가 행정 업무까지 잘해야 할까요?

그건 바로 내담자들의 기록이 중요하기 때문입니다. 또한 모든 직업 분야에서 그렇듯이 행정은 아주 기본적이기 때문에 그만큼 중요한 업무입니다.

심리사들은 자신의 내담자를 상담하거나 면담한 후 그 내용을 상담일지 또는 면담일지에 간략하게 작성해야 합니다. 내담자들과 관련된 일지는 일정 기간 동안 기관 내부에서 보존해야 하기 때문에 중요합니다. 특히, 가정폭력이나 성폭력 등 범죄 피해자나 법적 문제로 인해 상담실에서 심리사를 만나게 된 경우, 저희가 기록한 일지의 내용은 중요한 증거 자료로 사용되기도 합니다. 그 외에도 심리사가 변경되는 경우나 내담자가 상담을 잠시 멈췄다가 다시 상담실에 오게 되는 경우에도 일지가 중요한 역할을 합니다.

또한 심리사의 행정 업무는 일지와 관련된 내용 이외에도 전화 응대나 서류 등 기본적인 모든 일들을 포함합니다. 결국 심리사도 컴퓨터활용능력이나 워드프로세서 등 행정 업무에 도움이 되는 자격증을 취득해 두면 좋습니다.

4

심리사가 바라보는
심리사의 미래는

-심리사는 시간이 흐를수록 가치가 높아진다-

인간의 심리와 심리사에 대한 사회적인 시선의 변화

언제인가부터 우리 사회가 달라지기 시작했습니다.

이제는 자신이 정신건강의학과에서 우울증 약을 복용 중이라거나 상담을 받는다는 사실을 솔직하게 말하는 사람들이 늘어나고 있습니다. 연예인과 같은 유명인들도 자신이 우울증이나 공황장애로 약물치료나 심리치료를 받고 있다는 고백을 공개적으로 하기 시작했습니다. 또한 이러한 사실을 알게 되는 주변인들도 그들을 배려해 주고자 노력하기도 합니다.

옛날에는 속된 표현으로 그런 사람들을 비난하거나 혹은 철저히 숨겨야 한다는 잘못된 수치심을 심어주기도 했습니다. 하지만 이제는 그렇지 않습니다.

'그 사람은 지금 마음이 많이 아픈가 보네요.'
'누구보다 자기 자신이 가장 힘들 거예요.'
'우울증이 있으면 정신과에서 약을 먹거나 심리치료를 받아야지.'

마음이 겪는 고통을 이해하고 공감하는 사람들이 많아지면서 우리의 언어 표현도 달라지기 시작했습니다.

과거에는 심리학과에 가면 돈을 못 번다며, 그 학과에 가고 싶어 했던 자신의 자녀들을 억지로 다른 학과에 입학시킨 부모가 많았습니다. 하지만 지금 심리학과는 가장 인기 있는 학과 중 하나입니다. 또한, 우리 일상에 자연스럽게 인간의 심리에 대한 관심이 높아지면서 온라인 글쓰기를 통해 심리학과 관련된 이야기를 글로 쓰는 사람들이 늘어나고 있습니다. 심리학을 전공하지 않은 사람들도 말입니다.

잘못된 편견과 선입견이 점차 사라지면서 앞으로의 미래가 더욱 기대되는 상황.
저는 이 모든 현상이 심리학을 전공한 사람들과 심리사로서 살아가는 사람들의 미래를 보여 주는 현주소라고 생각합니다.

심리사가 일할 수 있는 분야가 다양해지고 있다

저의 글을 처음부터 읽고 있었던 독자들이라면, 심리사가 일할 수 있는 분야가 다양해지고 있다는 저의 말을 곧바로 이해할 것입니다. 다시 한번 반복하자면, 제가 학교를 다닐 때는 Wee클래스가 없었습니다. 그래서 저는 지금 학교를 다니고 있는 학생들이 부러울 때가 가끔 있습니다. 성인이 되면 무료로 상담을 받을 수 있는 기회가 거의 없으니까요. 이러한 현실은 심리사가 일할 수 있는 장소가 더욱 늘어났다는 증거입니다.

이제는 대기업이나 국가기관에도 전문 심리사를 채용하여 심리상담 서비스를 받게 해 주는 사내 상담상담실이 있습니다. 그리고 자신이 근무하는 회사 안에서 상담을 받는 걸 부담스러워하는 직원들은 외부 사설 상담소와 연계하여 상담을 받게 지원해 줍니다.

또한 공무원 중에도 법원, 법무부, 경찰청 등에서 필기시험 없이 자격증과 경력 혹은 별도의 선발 과정을 통해 공직 생활을 할 수 있게 되었습니다. 프리랜서인 경우에도 경찰청 해바라기센터의 '진술분석전문가', 경찰서 소년범 전문가 참여제의 '범죄심리사'로 활동할 수 있습니다.

법원	가사조사관, 소년보호조사관, 가정보호·아동보호조사관
법무부	보호관찰직, 정신건강임상심리사, 교정직(교도)
경찰청	피해자심리전문요원(CARE), 범죄분석요원(프로파일러)

국가기관의 심리학 전공자 채용 정보

최근에는 '예술인 심리상담'이라고 하여 한국예술인복지재단, 서울문화재단, 각 지역 예술인지원센터 등에서도 활동하고 있습니다. 그리고 연예기획사와 직접 계약하거나 배우, 가수, 연습생 등하고도 협업하여 심리상담과 멘털케어 프로그램 등도 운영하고 있습니다.

그 외에도 심리상담이 아닌 면담이나 조사, 외부 전문가 보고서 업무, 다이어트 및 헬스 케어 등을 통해 다양한 분야에서 심리사들을 필요로 하고 있다는 걸 알 수 있습니다. 우리나라가 발전하는 과정에서 해외의 다양한 제도나 시스템을 도입하면서 그 과정에서 심리학 전공자들의 필요성도 높아졌기 때문입니다.

AI의 시대에도 계속 이어지는 심리사의 길

세계적으로 AI가 발전하기 시작하면서 많은 사람들이 순위를 매기기 시작한 게 있습니다. 바로 AI시대와 함께 사라질 것으로 예상되는 직업의 순서입니다. 어떤 사람들은 AI에게 자신의 고민을 얘기하고 채팅을 하며, '심리상담받는 것도 이럴 것 같아'라고 말하기도 합니다. 하지만 여러 번 언급한 것처럼 심리사의 업무는 점점 더 다양해지고 있습니다. 그리고 심리사가 하는 업무는 주로 사람을 상대하는 일이며, 사람에게 직접적으로 영향을 미치는 일입니다.

심리상담을 하는 저의 경우를 예시로 들어보자면, 상담실에 다양한 내담자들이 찾아옵니다. 또한 사람들은 때때로 심리사 앞에서 솔직하지 못한 경우가 있습니다. 그건 일부러 거짓말을 하고자 하는 게 아니라 무의식적으로 자신을 감추는 방어적 태도가 습관화된 경우도 있기 때문입니다. 여러분의 이해를 돕기 위해 다음의 사례를 함께 보겠습니다.

심리사 ○○씨의 표정을 보니 무척 화가 난 것 같네요.

내담자 제가요? 아닌데요?

심리사 ○○씨의 얼굴과 귀가 빨개져 있고, 입 모양이 이렇게 일자로 앙다물어져 있네요.

내담자 아….

심리사 …(잠시 기다렸다가) 지금은 어떤가요? 어떤 느낌이 드나요?

내담자 …솔직히… 저도 잘 모르겠어요. 근데 주변에서도 다 선생님처럼 똑같아요.

심리사 어떤 게 똑같은가요?

내담자 저는 분명 화난 걸 티 내지 않았거든요. 근데 주변에선 이미 다 알아요. 그럴 때마다 좀… 민망하고 그래요. 그래서 선생님이 화난 것 같다고 말했을 때도 인정하기 싫었어요. '아, 내가 또?'라는 생각도 들고…. 솔직히 저는 잘 모르겠거든요. 나중에 알지…. 그냥 좀 짜증났구나 이런?

위의 사례는 상담을 하다 보면 자주 만나는 사람들의 모습입니다. 이는 심리학의 아버지 프로이트의 자아방어기제 중 '억압'을 사용하는 사람들의 특징입니다. 이 방어기제를 주로 사용하는 사람들은 자신의 다양한 감정들을 너무나도 오랫동안 무의식에 밀어 넣고 살아왔기 때문에 스스로 자신이 느끼는 진짜 감정이 무엇인지 모르는 경우가 많습니다. 그때 제 역할은 그들이 자기 자신의 감정에 대해 보다 정확하게 알 수 있도록 도와주는 것입니다. 이건 분명 AI가 할 수 없는 일입니다.

최근 2025년 8월 26일 CNN의 보도에서도 16세 레인이라는 청소년이 챗GPT에게 자신의 불안과 정신적 고통을 상담하다가 결국 자살한 사건이 발생했습니다. 특히, 레인의 부모가 발견한 레인과 챗GPT의 대화 내용에서는 챗GPT가 그 청소년에게 극단적 선택을 위한 구체적인 방법을 조언해 줬다고 합니다. 이처럼 기계는 인간의 섬세하고 세심한 감정과 정서를 이해하고 공감하는 데 한계가 있습니다. 그렇기 때문에 우리는 AI가 인간의 모든 업무를 대체할 수 있다는 위험한 믿음을 경계해야 할 것입니다.

제가 일하는 또 다른 전문 분야인 범죄심리 분야도 마찬가지입니다. 다양한 범죄의 가해자와 피해자를 만나야 합니다. 그리고 그 업무는 진술의 진위 여부를 파악하거나, 전문가로서 가해자나 피해자의 상태를 분석해서 보고서를 작성하고, 가해자나 피해자를 치료하는 등 사람이 사람을 직접 보고 해야 하는 일입니다. 무엇보다 범죄 현장에서는 가해자와 피해자 모두 상당히 예민하고 민감한 상태이기 때문에 그들을 면담할 때 지나치게 사무적으로 반응하면 그 또한 그들을 자극하는 위험 요인이 될 수 있습니다. 그렇기 때문에 이 업무 또한 AI가 대신할 수 있는 일이 아닙니다.

'심리사의 은퇴는 스스로 내려오기 전까지 혹은 죽기 직전까지이다.'

심리사로 활동하며 주로 듣는 말입니다.
심리사 또한 전문 직종입니다. 그리고 심리사는 사람을 상대하는 직업이기 때문에 더 많은 사람들을 경험할수록 심리사의 능력 향상에도 도움이 됩니다. 결국 심리사의 은퇴 시기는 정해진 게 없습니다. 스스로 은퇴의 시기를 결정할 수 있는 직업입니다.

시간이 흐를수록 무르익을 수 있고, 마지막 순간을 자기 자신이 결정할 수 있는 삶.
그게 심리사의 가장 큰 매력이고 비전입니다.

심리사와 함께하는 Q&A

-현직 심리사에게 물어봐!-

Q1 심리사 일은 돈을 얼마나 벌 수 있나요?

심리사 또한 '사'자로 끝나는 전문 직업군입니다. 하지만 우리가 흔히 알고 있는 변호사, 회계사, 감정평가사 등 고소득 직군으로 분리되는 8대 전문직과는 다릅니다. 그리고 상근직으로 일하는가와 프리랜서로 일하는가에 따라서도 그 급여에 차이가 있지만, 상근직의 경우에도 어떤 기관에서 일하는가에 따라 다릅니다.

상근직에 대하여 먼저 예를 들어 설명해 보겠습니다. 여러분이 심리학과를 졸업할 때 공무원 분야로 취업한다고 가정해 보겠습니다. 먼저 전문상담교사가 될 수 있는 자격 사항을 갖고 졸업한 후 전문상담교사 임용고시에 합격하는 사례입니다. 이 경우 교육공무원 호봉표에 따라 급여를 받게 됩니다. 또는 경

경찰의 피해자심리전문요원(CARE)에 지원해서 일하게 될 경우에는 경찰 공무원 호봉표에 따라 급여를 받게 됩니다. 둘 다 공무원으로 분류되지만 같은 공무원이어도 어떤 직무를 담당하게 되는지 혹은 어느 직급으로 들어가는지에 따라 급여가 다르기 때문에 두 직종 간에도 급여에 차이가 있습니다.

프리랜서 상담사로 일하는 경우에도 마찬가지입니다. 프리랜서도 국가기관인지 혹은 사설 상담소인지 또는 내담자가 직접 그 상담사를 지정했는가에 따라서 받을 수 있는 급여에 차이가 있습니다. 그리고 프리랜서는 자격증뿐만 아니라 경력 사항도 상당히 중요하게 봅니다. 그래서 같은 자격증을 갖고 있어도 경력에 따라 급여의 차이가 큽니다. 경력에는 실제로 심리상담을 진행한 케이스의 숫자도 중요하지만, 해당 프리랜서 상담사가 어떤 기관에서 어떤 대상자를 만나서 상담했는지도 꼼꼼하게 확인합니다.

예를 들어, ADHD 전문상담사를 채용하고 싶은 상담 기관이 있다고 가정했을 때 불안장애만 치료해 본 상담사가 지원한다면 어떻게 될까요? 정답은 정해져 있습니다. 불안장애만 상담해 본 상담사가 아무리 많은 수의 내담자를 만났다고 하더라도 ADHD 상담 경험이 없다면, 그 기관에서는 해당 상담사를 채용하지 않을 확률이 높습니다. 만약 채용한다고 하더라도 낮은 비용으로 계약하거나 수습 기간을 가진 후 정식 계약 여부와 급여에 대해 다시 논의해 보자고 할 것입니다.

결론적으로 심리사 또한 전문 직종이기에 다른 전문 직종들과 마찬가지로 자신의 가치를 어떻게 만드는가는 자기 자신에게 달려 있는 것입니다.

Q2 심리사는 자격증이나 수련이 많이 필요한가요?

심리사는 요구하는 자격증이 다양합니다. 그리고 모든 분야와 비슷합니다. 결국 자격증을 다양하게 취득할지 아니면 기본적인 자격증만 가지고 꾸준히 해당 분야에서 근로할지 스스로 선택할 수 있습니다.
여러분이 취득할 수 있는 가장 대표적인 기본 자격증으로는 국가 자격증인 '청소년상담사', '임상심리사', '직업상담사'가 있습니다. 만약 여러분이 기본적으로 요구되는 자격증으로 취업 후 이직 계획이나 자기 계발의 의지가 낮다면, 혹은 해당 업무와 위치에서도 만족한다면 그 선택을 유지해도 됩니다. 다만, 프리랜서로 전향하게 될 경우 혹은 스스로 심리 분야의 센터를 개업할 예정이라면 보다 높은 수준의 자격증이 요구되는 건 사실입니다.

사실 저희는 다양한 사람들을 만날 수밖에 없는 직업입니다. 사람의 심리를 이해하기 위해 직업명이 심리사인데, 이 사람 저 사람 구분해서 받는다는 건 모순입니다. 그렇기 때문에 심리사는 기본적으로 자신이 만날 다양한 내담자들을 위해 그들에게 어느 정도 폭넓게 맞춰줄 수 있는 융통성과 여러 기법들을 숙지하고 있는 게 중요합니다. 그건 심리사에게는 그 무엇보다 훌륭한 무기가 됩니다. 그때그때 상대방에 맞춰서 자신이 활용할 수 있는 무기가 많다면, 그 심리사가 얼마나 멋질지 상상이 될 겁니다.

하지만 저와 다르게 기본 자격증 취득 후 꾸준히 함께 일하는 분들도 계십니다. 그분들이 하는 업무는 저와는 조금 다르지만, 서로가 분명 같은 분야에서 필요한 존재임에는 확실합니다. 그리고 어떤 분들은 "조금 느리게 천천히 가더라도 꾸준히"라는 마음으로 심리사로서의 수련을 병행하며 직장을 다닙니다. 그분들은 시간이 날 때마다 자격증을 취득하고 언젠가 자신만의 심리사로서의 모습을 꿈꾸기도 합니다.

결국 심리사로서의 수련이라는 건 각자가 어떤 방법으로 어떻게 할지 혹은 어디까지 할지 스스로 정할 수 있습니다. 그렇기 때문에 미리부터 두려워할 필요는 없습니다. 저희가 항상 버릇처럼 하는 말 중 하나가 '일단 시작하면, 어느샌가 끝나 있어.' 이 말이니까요.

Q3 심리사 수련 과정은 많이 힘들고 어렵나요?

이미 우리는 한국심리학회의 분과학회를 통하여 다양한 심리학회가 있다는 걸 알고 있습니다. 그리고 각 분과학회는 어떤 심리사 자격증을 취득할 것인지에 따라 다른 수련 과정을 운영하고 있습니다. 이는 한국심리학회 홈페이지에 들어가 보면 알 수 있습니다.

다만 공통된 수련 내용은 모든 수련생이 학회의 슈퍼바이저로부터 수련을 받아야 한다는 겁니다. 또한 어떤 분과학회는 수련비가 꽤 들지만, 또 다른 분과학회는 그렇지 않은 경우도 있습니다. 그리고 특정 학회에서는 유관 기관의 경력을 학회 수련 과정 중 일부로 인정해 주기도 합니다. 그렇기 때문에 모든 심리사 수련 과정이 마냥 힘들고 어렵다고만 할 수 없습니다.

여러분들이 좀 더 쉽게 알 수 있도록 저는 이 부분에서 다른 전문 직종 분야가 최종적으로 자격을 취득하는 기간을 비교하며 설명해 보고 싶습니다. 심리사뿐만 아니라 다른 전문 직종들도 최종적으로 가장 높은 수준의 전문가 자격증을 취득하기 위해서는 일정 기간 이상의 수련과 시험이 요구됩니다.

우리가 알고 있는 변호사 자격증만 해도 4년제 대학교 졸업 이후 3년간의 로스쿨 과정을 거쳐야 합니다. 이후 변호사 자격증 시험에 합격한 후 6개월간의 연수 또는 수습 기간을 거쳐야 정식으로 변호사로서 활동할 수 있습니다. 다만, 변호사 자격증의 경우에는 로스쿨 졸업 후 5년 이내로 시험에 합격하지 못하면 영원히 재시험의 기회조차 얻지 못합니다.

그 외 다른 전문 직종들도 그 자격증을 취득하고 자유롭게 사용할 수 있기까지 꽤 많은 시간 혹은 수습 기간, 경력을 필요로 합니다. 이제 막 세무사 자격증을 취득한 세무사에게 자신의 세무 업무를 맡길 수 있는 사람은 거의 없을 테니까요.

그러한 점에서 심리사도 크게 다르지 않습니다. 다만, 심리사의 경우에는 변호사 자격증처럼 자격증 취득 기한에 제한이 존재하지 않는다는 점에서 장점이 있습니다. 그리고 심리사 수련은 주로 내담자만 상담하거나 면담하는 게 아닙니다. 심리사 또한 자신의 내적 성장을 위해 꾸준히 노력해야 합니다. 어떻게 보면 그 점 때문에 더욱 매료되어 꾸준히 심리사 수련에 정진하는 분들도 있습니다.

눈에 보이지 않기 때문에 육안으로 확인할 수 없지만, 정신적 가치를 존중하며 자기 성장도 동반할 수 있다는 점, 그게 심리사 수련의 가장 큰 장점이기 때문에 많은 분들이 심리사 수련도 꾸준히 병행하는 것입니다.

Q4 심리사는 기관에서 일하는 게 좋나요, 아니면 프리랜서가 좋나요?

이 질문에 대한 답은 간단하고 싶습니다.

여러분이 경제적·시간적으로 안정적인 상태를 원한다면, 기관에서 일하며 틈틈이 자기 계발을 하는 게 좋고, 좀 더 적극적인 성장과 자율성을 원한다면, 프리랜서로 활동하는 게 좋습니다. 둘 다 경험해 본 바에 의하면, 각각의 장단점이 분명 있습니다.

제가 기관에서 근무할 때는 근로 시간과 휴일이 명확하게 구분되어 있었기 때문에 규칙적인 생활이 유지가 됐습니다. 그리고 정기적으로 일정하게 입금되는 급여가 있다는 점이 저의 심리에도 어느 정도 안정감을 주었습니다. 다만, 심리사가 일하는 직장 또한 다른 직장들과 마찬가지로 회사 내에서 근무하면서 겪을 법한 다양한 업무 스트레스와 대인관계의 어려움이 있습니다. 그리고 심리사와 관련된 교육이나 수련 일정을 위해 저의 개인적인 휴가 일정을 사용해야 하다 보니, 실제로 제가 휴가를 갈 수 있는 기간이 많지 않았습니다.

반대로 프리랜서로 일하게 될 경우, 동일한 상담 업무를 한다고 해도 기관에 소속되어서 일할 때보다 높은 급여를 받을 수 있습니다. 직원이 직접 내담자를 상담할 경우에는 월급에 그 업무에 대한 임금이 포함되어 있지만, 프리랜서는 개인의 역량에 따라 받을 수 있는 비용이 다르니까요. 그리고 자신이 하고 싶은 일에 대하여 어느 정도 자유롭게 선택할 수 있는 권리도 있습니다. 하지만 상근직으로 일할 때와 다르게 급여가 일정치 않으며, 4대 보험 가입도 쉽지 않기 때문에 신용 등급, 대출 등 금전적 부분에 있어서 다소 불안정한 상태인 것은 사실입니다. 하지만 프리랜서는 자신에게 주어진 일만 할 수 있기 때문에 직장 내에서 느낄 만한 스트레스가 거의 없고, 자기 스스로 근무일과 휴일, 교육 일정 등을 조율할 수 있다는 게 장점입니다.

미래의 심리사들에게
쓰는 편지

먼저 이렇게 만나 뵙게 되어 영광입니다.

그 무엇보다 자신의 직업에 누군가가 관심을 가져 준다면, 그만큼 감사한 일이 또 어디에 있을까요.

우리 분야가 참 쉽지 않은 분야입니다.

과거에는 돈을 못 버는 직업이라고 농담 반 진담 반으로 놀림을 당해 왔고, 현재는 심리사를 찾는 사람들의 사례가 무시무시해 보이는 사람들이 많아지는 것처럼 언론에서 보여 주니. 언제나 사회적 평가와 시선에서 자유롭지 못한 직업인 듯합니다.

하지만 과거보다 그 가치가 높아진 것은 사실인 듯합니다.

이제 어디 가서 제 직업이 전문상담사입니다 혹은 범죄심리사입니다라고 소개하면, 곧잘 돌아오는 대답이 '정말 좋은 일 하시는군요.'이니까요.

내 일에만 몰두하고 살아서 주변을 살펴볼 겨를도 없었습니다. 그래서 그 인사를 들을 때 두 귀를 쫑긋하게 되더군요. 어느새 그런 칭찬을 들을 수 있을 정도로 의미 있는 직업이 되었다니…. 뭉클한 기분이 들더라고요.

여러분은 어떻습니까. 미래의 자신을 어떤 사람으로 그려 보고 있나요. 당신이 그리는 미래에 심리사의 모습으로 서 있는 자기 자신이 보이나요?

그는 웃고 있나요, 아니면 조금 지쳐 보이나요. 또 아니면 약간 힘들어 보이긴 하지만, 그럼에도 불구하고 스스로의 직업에 자부심을 갖고 있는 사람처럼 느껴지나요.

너무 조급하게 생각하지 않아도 됩니다. 어떤 길은 조금 멀리 돌아가기 때문에 더 신중하게 선택할 수 있고, 그로 인해 후회도 덜할 수 있는 거니까요.

심리학에는 이런 말이 있다고 합니다.

'딱 1%면 충분하다.'

내가 심리학과를 선택하는 게 혹은 심리사가 되기로 결심하는 게 정확히 49%의 확률에 있는지 아니면, 단 1%의 차이로, 51%의 확률에 있는지. 아주 작은 1%가 어디로 기울어져 있는 게 나에게 더 큰 행복감을 주는지.

모든 결정은 여러분의 직감을 따르면 됩니다.
그 누구보다 자기 자신을 믿길 바랍니다.

다만 제 글을 본 후, 후배로 만나게 된다면 아는 체해 주세요. 제게 큰 영광일 겁니다.
잘 부탁드립니다. 감사합니다.

진로 단어장

알아 두면 쓸모 있는
심리사 용어들

내담자   내담자는 상담을 받는 사람을 말합니다.

프로이트   지그문트 프로이트(Sigmund Freud)는 오스트리아 출신의 신경학자이자 정신분석학의 창시자이며, 심리학의 아버지라고 불립니다. 이 책에서는 프로이트의 이론 중 '방어기제'에 대한 내용이 일부 소개되었으며, 방어기제란 나의 자아가 불안을 회피하거나 감정을 조절하기 위해 사용하는 무의식적 전략을 말합니다.

자아   자아는 기본적으로 '나 자신에 대한 인식'을 말하며, 자신이 누구인지 알고, 세상과 자신을 구분하는 주체로서의 나를 말합니다. 심리학에서 자아는 '나'를 인식하고, 세상과 관계를 맺으며, 현실 속에서 욕망과 도덕 사이의 균형을 맞추는 심리적 중재자입니다.

한국심리학회   본 학회는 대한민국을 대표하는 심리학 전문 학술단체입니다. 심리학 전반(기초, 응용, 임상)에 걸쳐 연구와 실천을 하고자 노력하는 전문 집단입니다. 한국심리학회의 분과학회로는 임상심리학회, 상담심리학회, 사회 및 성격심리학회, 발달심리학회 외 다수의 분과학회가 있습니다.

한국상담학회 본 학회는 상담학의 발전과 전문상담사의 양성을 목적으로 설립된 전문 학술단체입니다. 한국상담학회는 한국심리학회의 분과학회인 상담심리학회와 수련이 거의 유사하며, 양 학회의 자격증은 동등한 대우를 받습니다.

초등 교사
직업 에세이

진로 두 걸음

초등 교사에
대한 모든 것

— 초등 교사 나른

여러분에게 초등 교사는 어떤 직업인가요

-초등 교사에 대한 단상(斷想)-

여기서 사용한 단상(斷想)이란 '생각나는 대로의 단편적인 생각'을 의미합니다.

여러분의 마음속, 초등 교사는 어떤 모습인가요?

  몇 년 전 큰 화제를 이루며 종영한 드라마 '더 글로리'의 주인공 문동은은 초등학교 교사입니다. 그런데 동은이 초등학교 교사가 된 동기가 그렇게 긍정적이지만은 않습니다. 동은은 학창 시절 함께 학교에 다니던 학생들에게 지속적이고 악질적인 폭행을 당합니다. 이후 복수를 꿈꾸며 초등학교 교사가 됩니다. 그리고 자신을 괴롭히던 동창생(박연진) 딸의 담임 교사가 되면서 드라마가 전개됩니다.
  그런데 이 드라마에 등장하는 초등 교사의 모습은 매우 부정적입니다. 주인공이 학교폭력을 당하는데도 아무런 도움이 되지 않습니다. 오히려 우리가 평생 살면서 절대 만나고 싶지 않은 사람들이 초등학교 선생님으로 등장합니다.

그 와중에 유일하게 이 드라마의 주인공을 도와준 선생님이 계십니다. 바로 주인공이 고등학생이던 시절 근무하던 보건 선생님(안정미)입니다. 이 선생님은 동은에게 진정한 의미의 은사입니다. 학교에서 아무 의지할 곳 없던 동은에게 유일하게 손을 내밀며 적극적으로 도움을 준 유일한 선생님이거든요.

그리고 앞서 언급한 보건 선생님만큼은 아니지만 소극적으로나마 동은을 돕고자 했던 동료 교사(드라마에서는 강 선생으로만 나옵니다.)도 등장합니다. 이 강 선생은 겉으로 나서서 동은을 적극적으로 돕지는 않습니다. 그렇지만 동은이 필요한 자료를 usb에 담아 동은에게 건네면서 이런 말을 합니다.

"여기까지 오는 것도 저한테는 용기였거든요. 저는 그 안에 든 걸로 못 싸우지만, 선생님은 싸우실 것 같아서요."

적극적으로 행동하지 못하는 자신에 대한 자책이자, 생각한 것을 실천에 옮기는 동은에 대한 부러움이 느껴졌습니다. 이 장면을 보며 초등 교사로서 여러 가지 생각이 들었습니다.

여러분의 기억 속 초등학교 선생님은 어떤 모습인가요? 내가 필요할 때 적극적으로 나서 주시는 모습이었나요? 아니면 자기 일만 아는 무관심한 모습이었나요?

어떻게 초등 교사가 되었을까요?

-마음속 소망과 친구의 말 한마디로 시작된 나의 진로-

초등학교 선생님에 대한 첫 기억

저는 어릴 때부터 초등학교 선생님이 되고 싶었습니다. 지금 그 이유를 생각해 보니 제 초등학교 시절 선생님들의 모습이 제게 긍정적으로 남아 있었던 것 같습니다. 물론 부정적인 모습을 보였던 선생님도 있었습니다. 하지만 그때 당시에는 너무 어려서 그것이 옳지 않다는 것조차 알지 못했었습니다. 안타깝게도 저의 첫 선생님은 후자였습니다.

제가 초등학교 1학년에 입학하여 만난 선생님은 소위 말하는 '체벌'과 '차별', '편애'를 하는 분이었습니다. 받아쓰기 시험을 보고 나서 틀린 개수만큼 손바닥을 맞았고, 평소 선생님께 선물을 잘하거나 붙임성이 좋은 아이들은 귀여움을 받았습니다. 그런데 그때는 그러한 모습이 부당하다는 것을 알기에 제가 너무 어렸습니다. 그리고 그 당시에는 선생님께 선물하는 것이 당연하게 여겨졌습니다. 1학년 때 담임 선생님께서 제게 하셨던 말씀 중 가장 기억에 남는 말이 있습니다. "너희 엄마는 어떻게 학교에 꽃 한 송이도 들고 안 찾아오니?" 어린 나이에 선생님의 그 말씀을 듣고 '저게 무슨 말이지?'라고 생각했었습니다. 시간이 많이 지나 성인이 되고 나서 이 이야기를 어머니께 했습니다. 그랬더니 어머니께서 "선생님 맞아?"라고 말씀하시며 황당해하시던 표정이 생각납니다. 제가 담임선생님께 선물하지 않아 선생님께서 화가 나서 하신 말씀이었어요.

하지만 그러한 교육 방식이 제게 모든 면에서 나쁜 영향을 준 건 아닙니다. 여덟 살 어린 나이에 선생님께 맞고 싶지 않아서 받아쓰기 공부를 열심히 하게 되었거든요. 그리고 그 덕분에 학년에서 받아쓰기를 가장 잘한 어린이에게 주는 상도 받을 수 있었습니다. 어린 나이에도 내가 무엇인가를 간절하게 열심히 하면 성취를 할 수 있다는 것을 알게 되었어요. 그리고 선생님께 귀여움을 받기 위해 학교생활도, 공부도, 청소도, 친구와의 관계도 잘 해내기 위해 애썼던 제 노력이 지금의 저를 만들었다고도 생각합니다.

여러 선생님을 만나며

2학년 때 만난 선생님은 정말 신사, 또는 선비셨습니다. 연세가 많으신 남자 선생님이었는데, 늘 정장에 넥타이를 매고 정갈한 모습으로 수업에 임하셨습니다. 아홉 살 아이가 40여 명 있는 교실에서 산만하고 시끄러운 아이들도 많았습니다. 그런데도 단 한 번도 큰 소리를 내신 적이 없으실 정도로 아이들에게 너그러운 분이셨어요. 아이들이 뛰어도, 고함을 질러도, 서로를 때리며 싸워도 다른 아이들 앞에서 꾸중하지 않으셨습니다. 대신 방과 후에 따로 불러서 자세히 이야기를 들어 주셨습니다. 또 아이들이 자신의 잘못을 뉘우치고 서로 사과를 하면 따뜻하게 머리를 쓰다듬어 주셨습니다. 그때 싸웠던 친구와는 고등학교에 입학하기 전까지 편지를 주고받았었습니다. 그런데 선생님께서 퇴임하실 때 함께 찾아뵙지 못하여 죄송했습니다.

선생님께서 하신 말씀 중 가장 기억에 남았던 말이 있습니다.
"사람은 누구나 부족한 점이 있다. 내가 잘하는 것을 다른 사람에게 가르쳐 주고, 부족한 점을 다른 사람에게 배울 수 있어야 한다."
선생님께서는 이 말씀을 행동으로 실천하는 분이셨어요. 노래를 부르는 수업 시간에 오르간으로 전래동요를 연주해 주셨습니다. 제가 다니던 초등학교에는 각 반에 오르간이라는 건반 악기가 하나씩 있었습니다. 선생님께서 오르간을 연주해 주시면 아이들이 그 반주에 맞추어 노래를 불렀습니다. 사실 연세가 많으신 남자 선생님께서 오르간을 연주하기 어려우셨을 것 같아요. 그런데도 선생님께서는 미숙한 연주로나마 아이들이 노래를 즐겁게 부를 수 있도록 노력하셨습니다. 때로는 반에 피아노를 잘 치는 친구를 불러 오르간 연주를 부탁하며 연주 방법을 묻기도 하셨습니다. 그래서인지 평소 수업 시간에 떠드는 친구들도 노래 부르는 시간만큼은 열중했습니다. 이런 걸 보면 아이들도 선생님의 노력을 아는 것 같습니다. 이러한 선생님의 노력은 초등 교사가 된 지금의 제게도 많은 가르침과 깨달음을 주고 있습니다.

이렇게 자상하고 너그러운 선생님과 함께한 2학년이 끝나고 3학년 때 다른 지역으로 전학을 가게 되었습니다. 2학년이 끝나는 종업식 날 선생님께서 저를 부르시더니 "너도 전학을 가니?"라고 물어보셨습니다. 저와 같이 놀던 친구 중에 저와 같은 지역으로 전학을 가는 친구는 미리 친구들과 선생님께 이야기하고 작별 인사를 했습니다. 그런데 저는 급하게 전학이 결정되어 작별 인사를 하지 못했거든요. 그런 와중에 선생님께서 저를 개인적으로 부르셔서 전학을 가게 되었느냐고 물어봐 주셨던 것이 어린 마음에 기쁘고 좋았습니다. 선생님께서 내게 관심을 기울이고 있다는 것이 느껴졌거든요. 그러고는 제게 새 학교에서 쓰라며 공책과 연필을 주셨습니다. 초등학교를 졸업하면서 그 공책과 연필을 서랍에서 발견했을 때는 가슴이 뭉클했습니다.

그 이후에 3학년 때 다혈질이지만 유쾌하셨던 남자 선생님, 4학년 때

재밌으시면서도 날카로운 비판을 해 주신 여자 선생님도 계셨습니다. 5학년부터 6학년 1학기 때까지 함께했던 차분하면서도 꼼꼼하셨던 여자 선생님도 기억에 남습니다. 졸업식 날 1학기 담임 선생님을 초대하여 함께 추억할 수 있도록 배려해 주신 6학년 2학기 담임선생님도 좋은 분이셨어요. 선생님들의 가르침은 제가 지금 초등 교사 생활을 하면서 매우 큰 자양분이 되었습니다.

교대에 입학하기로 결심하다

초등학교를 졸업하고 중·고등학교를 거치며 저의 장래 희망에는 몇 번의 변화가 있었습니다. 초등학교 때는 예능 프로그램 중 하나였던 〈러브하우스〉를 보며 건축가가 되고 싶었고, 중학교 때는 라디오를 들으며 라디오 PD가 되고 싶었습니다. 그리고 고등학교 때는 예능 프로그램 작가가 되어 많은 사람에게 웃음을 주고 싶기도 했습니다.

그러다가 고등학교 때 만난 친구가 "나 서울교대에 가서 초등 교사가 될 거야."라고 이야기하는 것을 듣고 내 마음속에 있던 초등 교사가 되고 싶은 꿈이 생각났습니다. 그 친구와는 지금도 연락하며 지내고 있는데, 그 친구에게 최근에도 이런 말을 했었습니다.

"나는 그때 네 말을 듣고 깜짝 놀랐어. 나는 막연히 '선생님이 될 거야.', '방송 작가가 될 거야.'라고 생각했는데, 너는 '어느 대학에 가서 어떤 직업을 할 거야.'라는 구체적인 목표를 이야기했잖아. 난 한 번도 내 꿈에 대해 그렇게 구체적으로 생각해 본 적이 없었는데…."

친구의 이야기를 듣고 저도 저의 구체적인 꿈에 대해 생각해 봐야겠다고 마음먹었습니다. 그리고 선생님께 진학 상담을 받았습니다. 그때 선생님의 말씀이 지금도 기억에 남습니다.

"네가 지금 가고 싶어 하는 학교에 가려면 모의고사 등급을 지금보다는 2개 등급 이상 올려야 해. 지금 네가 2학년이니까 매우 힘든 일이고 어려운 일일 거야. 그래도 선생님은 네가 마지막까지 후회 없이 노력해 보았으면 좋겠어. 그러면 나중에 후회도 없고, 그렇게 열심히 한 노력을 원동력 삼아 다른 일도 잘할 수 있을 테니까."

그렇게 열심히 고등학교 3년을 공부에 매진한 결과 수능 시험에서 좋은 결과를 얻었으면 좋았겠지만, 현실은 그렇지 못했습니다. 저는 교대에 입학하기에는 다소 부족한 결과의 수능 성적을 받았고, 수능 점수에 맞춰 지방 국립대 문헌정보학과에 입학했습니다.

문헌정보학과에 입학하면서 도서관에서 일하시는 사서 선생님께서 이렇게나 많은 일을 하고 있다는 것을 알게 되었고, 새로운 직업의 세계가 열리는 듯했습니다. 대학교 1학년 때는 학부제여서 "어느 과에 다니세요?"라는 질문에 '사회 계열'이라고 말해야 했습니다. 1학년 때 사회 계열에서 수업을 들으며 2학년 때 속할 학과를 선택하도록 정해져 있었습니다. 실제로 그때 배운 통계학에 대한 기초를 지금도 활용하곤 합니다. 그러니 내가 가는 어떤 길이든 나중에 어떻게든 통할 수 있겠다는 생각이 들어 신기하더라고요.

그렇게 대학교 1학년 1학기 기말고사가 다가온 6월 어느 날이었습니다. 캠퍼스에서 같은 학교 인문대학 영문과에 입학한 친구를 만나 이야기를 나누게 되었습니다. 그 친구가 한 말이 제 진로를 급격하게 바꾸어 놓았습니다.

"나 이번 학기 끝나고 휴학해서 반수할 거야. 반수해서 교대 입학에 도전해 보려고 해."

그 말을 들었을 때 제 마음속 한구석에서 이루지 못한 선생님이 되고 싶다는 꿈이 다시 한번 제게 꿈을 위해 도전해 보라고 손짓하는 것 같아서 가슴이 뛰기 시작했습니다. 그날로 집에 가서 아버지께 반수해서 교대를 가고 싶다고 말씀드렸습니다. 그리고 기말고사를 마치고 나오는 길에 휴학계를 제출했습니다. 학교를 나온 저는 곧장 재수학원에 등록해서 반수반에 들어가 다시 한번 입시의 구렁텅이에 스스로 들어가게 되었습니다.

제가 한 선택이긴 했지만, 막상 재수학원에 들어가 다시 공부하려니 아침 7시 30분부터 밤 11시까지 이어지는 학원의 공부 강행군이 매우 벅

차고 힘들었습니다. 그런데 재수학원에 간 첫날 학원 선생님께서 하신 말씀을 되새기며 공부에 매진했습니다.

"너희들이 대학에서 술 마시며 즐겁게 놀 동안 재수반 학생들은 2월부터 지금 너희가 하는 일정을 소화하며 땀 흘려 공부했다. 만약 지금 이 자리에 있는 사람 중 대학교에 휴학계를 제출한 사람은 오늘 당장 가서 자퇴서를 내고 와라. 배수의 진을 친다는 마음으로 공부해야지, 돌아갈 곳을 생각하고 공부하면 너희들은 입시에서 원하는 결과를 얻지 못할 거다."

처음 이 말을 들었을 때는 등골이 서늘하고 첫날부터 냉정한 말씀을 하시는 선생님이 이해되지 않았습니다. 그런데 지금 생각해 보니 누구보다 학생들의 입시 성공을 바라는 분이 그 선생님이 아니었는지 생각합니다. 비록 배수의 진을 치지는 못했지만, 저는 고등학교 때 겉멋으로만 했던 공부에 진짜로 몰입하는 경험을 했습니다. 그리고 노력 끝에 원하는 교대에 입학할 수 있었습니다. 20살 제 인생에 저의 노력으로 일궈 낸 가장 큰 성과였습니다.

쓰라린 1년을 더해 초등 교사가 되다

반수에 성공하고 교대에 입학했을 때의 저는 세상 어느 것도 이루지 못할 것이 없는 사람 그 자체였습니다. 오랫동안 마음속에만 품어 왔던 선생님이 되고 싶었던 꿈을 내 노력으로 이뤄 냈고, 그 첫 성취로 교대에 입학하게 되었으니까요. 저는 자신감에 넘쳐 있었고, 과 동기들이 그러하듯이 4년 내내 열심히 학교생활을 하며 지냈습니다.

  교육대학교에 입학하고 보니 교대생들이 가진 몇 가지 특징이 있었는데, 그중 하나가 바로 무엇이든 성실히, 열심히 한다는 것이었습니다. 그래서 제 나름대로 열심히 공부했다고 생각하는 과목에서 생각지도 못한 학점을 받기도 했습니다. 또, 학기 중에 열심히 아르바이트하면서도 학점 관리를 잘하는 동기들을 보며 대단하다는 생각이 들기도 했습니다. 입학하면 4년 동안 학과 동기들이 대부분의 수업을 함께 듣기 때문에 더 그런 것 같습니다.

  그렇게 고등학교인 듯 대학교인 듯한 학교생활을 재미있게 하고 4학년이 되던 해 11월에 임용 시험을 치렀습니다. 제가 임용시험을 볼 때에는 3차까지 시험이 있었는데, 1차는 객관식 지필시험, 2차는 논술시험, 3차는 면접시험이었습니다.

  하지만 저는 3차 면접에서 좋은 점수를 얻지 못해 최종 임용에 탈락하고 말았습니다. 대학 입시에 이어 취업을 위한 관문까지 한 번에 통과하지 못했다는 사실에 매우 좌절했습니다. 대학 입시는 어쨌든 저의 선택으로 다시 한번 더 도전하게 된 것이지만, 임용 시험은 선택의 여지가 없이 탈락했기 때문에 다시 도전해야만 하는 상황이었어요. 그래서인지 인생 처음 겪는 쓰라린 탈락의 경험으로 인해 25살이 되던 해 겨울은 정말 힘들고 외로웠습니다. 임용 시험을 함께 공부한 친구들이 우스갯소리로 한 말이 있었습니다. "야, 우리 최종 결과 나오는 날 서로 어떻게 됐냐고 물어보지 말자. 먼저 연락하면 붙었다고 생각하고, 연락이 없으면 떨어졌다고 생각하고 서로 모른 척해 주자."라는 말이었습니다. 그런데 그게 제 이야기가 될 줄 누가 알았을까요?

서로의 마음속에 '설마, 우리 중에 떨어지는 사람이 있겠어?'라는 생각이 있었던 모양입니다. 최종 합격자가 발표되던 날 함께 임용 시험을 공부한 친구들이 문자 메시지로 합격에 대한 무용담을 늘어놓는 것을 보면서 씁쓸한 눈물을 삼켰던 기억이 납니다. 그게 이제는 아주 오래전 일처럼 느껴집니다. 그날 합격에 대한 기쁨을 한참 나누던 동기 중 한 명이 "어떻게 됐어? ㅠㅠ"라고 문자 메시지를 보내왔었습니다. 그 친구도 다른 친구들과 한참 이야기를 하다가 제가 아무 연락이 없으니 설마 하는 마음으로 물어봤을 것 같습니다. 어떻게 됐냐고 물어보는 저 다섯 글자에 친구의 망설이는 마음이 느껴졌습니다. 답장을 얼른 해 주고 싶었지만, 나만 떨어졌다는 생각에 가슴이 답답해서 답장하지 못했습니다. 그게 못내 그 친구에게 미안했습니다. 그리고 임용 시험에 떨어진 것이 창피하여 졸업식에도 참석하지 못했습니다. 그래서 동기들도 만나지 못하고, 꽃다발을 들고 졸업식에 일부러 찾아와 준 후배들을 본의 아니게 바람맞혔다는 생각에 두고두고 후회되었습니다.

저의 임용시험 재수는 그렇게 3월의 시작과 함께 시작됐습니다. 처음부터 다시 공부하겠다는 마음으로 교육학 이론서를 정독하고, 기출문제를 매일 풀었습니다. 아침 8시 30분에 독서실에 가서 집에 와 점심을 먹고 다시 독서실에 가서 밤 11시까지 공부를 마치고 집에 와서 잠드는 강행군을 반복하였습니다.

8월이 되자 지역별로 신규 교사를 몇 명 뽑을지 사전 예고를 하는 글이 각 시도 교육청 홈페이지에 올라왔습니다. 재수하면서 친구들이 어느 지역을 쓸 건지 계속 물어봤었는데, 그때마다 저의 대답은 "많이 뽑는 곳으로 지원할 거야."였습니다. 그래서 한 친구가 자신이 정해 주겠다고 이야기한 TO는 200명이었습니다. 집 근처 지역으로 가기 위해 TO가 200명이 넘길 간절히 바랐지만, 한편으로는 또 합격하지 못할까 봐 불안하였습니다.

불안한 마음으로 TO를 살펴보려고 컴퓨터 전원을 켜니 친구가 문자 메시지로 "TO 200명 넘은 것 축하해!"라고 알려 주더라고요. 떨리는 마음으로 교육청 홈페이지를 살펴보니 250명가량 뽑는다는 예고 자료가 올라와 있었습니다. 다행이라는 마음 반, 불안한 마음 반. 떨리는 마음으로 원서를 작성하고 11월에 임용 시험에 응시했습니다. 그리고 다음 해 2월 설 명절쯤에 저는 마침내 초등 교사 신규 임용 합격 통지서를 받을 수 있었습니다.

2

초등 교사 준비운동

-초등 교사로 나아가는 길-

초등 교사가 되기 위해 알아야 할 정보들

초등 교사가 되려면 우선 교육대학에 입학해야 합니다. 교육대학은 초등 교사를 양성하는 것을 목표로 만들어진 대학으로, 줄여서 '교대'라고도 부릅니다. 일반적으로 대학교에는 여러 개의 단과대학이 있습니다. 그리고 그 안에 여러 개의 학과로 이루어져 있습니다. 교육대학은 교육을 목적으로 한 하나의 단과대학으로만 구성되어 있다고 생각하면 쉽습니다. 그래서 다른 종합대학교에 비해 학교의 규모가 다소 작습니다. 학교 캠퍼스가 작아서 좋은 점은 수업과 수업 사이 이동이 편하다는 것입니다. 단점은 학교에서 구경할 것이 많지 않다는 것 정도 같습니다. 교육대학 중에서도 규모가 작은 교육대학을 졸업한 1인으로서 느낀 개인적인 감정입니다.

전국에 초등교육과가 설치된 학교는 아래 표와 같습니다.

초등교육과가 설치된 대학			
설립	구분	대학명	지역
국립	교원대	한국교원대학교	충북(청주)
	교육대학	경인교육대학교	인천, 경기
		공주교육대학교	충남
		광주교육대학교	광주
		대구교육대학교	대구
		부산교육대학교	부산
		서울교육대학교	서울
		전주교육대학교	전북
		진주교육대학교	경남
		청주교육대학교	충남
		춘천교육대학교	강원
	일반대학	제주대학교	제주
사립		이화여자대학교	서울

 교육대학교에 입학하면 총 3회의 교생 실습을 나가게 되는데, 2학년 1학기(주로 4월) 1주일, 3학년 2학기(주로 10월) 3~4주, 4학년 1학기(주로 6월)에 3~4주 정도 나가게 됩니다. 이때 각 교육대학교에서 신청할 수 있는 초등학교들이 안내되는데, 자신의 상황에 맞게 신청하여 교생 실습에 참여합니다.

 4학년이 되는 해 10월경에 교사 임용 시험 원서 접수를 하게 됩니다. 자신이 발령받고 싶은 지역을 선택하여 해당 지역 교육청 홈페이지에서 원서 접수를 합니다. 그리고 11월에 임용 시험을 치릅니다. 임용 시험 최종 결과는 보통 다음 해 2월 초쯤 자신이 응시한 지역 교육청 홈페이지에서 확인할 수 있습니다. 임용 시험에 최종 합격하면 "교사 임명장"과 "2급 정교사 자격증"을 받습니다.

　최종 합격자들은 임용 시험 점수에 따라 등수가 매겨지게 됩니다. 이때 매겨진 등수에 따라 순서대로 응시한 지역에 있는 초등학교에 발령을 받고 교사 생활을 시작합니다. 임용 시험 등수에 따라 3월 1일 자로 발령받는 사람들도 있습니다. 하지만 학기 중간에 발령을 받는 사람도 있습니다. 중간에 발령을 받는 사람들은 발령받기 전까지 남는 시간에 여행을 가기도 합니다. 또는 다른 학교에서 기간제를 구할 경우 연락을 받아 기간제 교사로 정식 발령받기 전까지 근무합니다.

　발령을 받고 3~4년 차가 되면 교육청에서 학교에 공문을 보내어 "1급 정교사 연수 대상자 명단"을 안내합니다. 이 명단에 이름이 있는 교사들은 1급 정교사 연수(줄여서 1정 연수라고 합니다.)에 참여하게 됩니다. 이 연수는 주로 여름 방학 때 진행되며, 보통 3주간 각 지역 연수원에 연수 대상자들이 모여서 강의를 듣습니다. 때로는 토론, 과제, 시험 등을 통해 연수에 참여합니다. 이 1정 연수가 끝나고 나면 "1급 정교사 자격증"을 받게 됩니다. 이제 신규 교사가 아니라 경력직 교사가 되는 것입니다.

초등 교사 임용 시험을 준비하려면

초등 교사 임용 시험의 공식 명칭은 "공립 유치원·초등학교·특수학교(유치원·초등) 교사 임용 후보자 선정 경쟁시험"입니다. 따라서 이 시험에 최종 합격을 하게 되면 공립 유·초·특수학교로 발령을 받게 됩니다. 단, 입학하는 대학과 학과는 모두 다릅니다. 초등 교사 임용 시험에 관해서는 한국교육과정평가원이나 각 시·도 교육청 홈페이지에 자세히 게시되어 있습니다.

초등 교사 임용 시험은 크게 1차 시험과 2차 시험으로 이루어져 있는데, 1차 시험의 시험과목 및 배점, 문항 수, 시험 시간 등은 아래 표와 같습니다.

선발분야	시험과목	배점	문항 수	시간(분)	비고
초등학교 교사	교직논술	20	1	60	논술형
	교육과정	80	20문항 내외	140	단답형, 서술형
	한국사	한국사능력 검정시험으로 대체			

교직 논술에서는 제시된 문제를 읽고, 대학교 때 배웠던 교육학 이론을 기반으로 하여 자기 생각을 서술하게 됩니다. 교육과정 과목에서는 우리가 초등학교 다닐 때 배웠던 국어, 도덕, 사회, 수학, 과학, 실과, 체육, 음악, 미술, 영어과에 대한 문제가 출제됩니다. 교육과정 과목 140분은 교육과정 A, 교육과정 B로 각 70분씩 나누어 실시합니다. 배치 과

목은 출제 상황에 따라 조정 가능하다고 게시되어 있습니다.

 이렇게 1차 시험을 치르고 1차 시험에 합격하면 2차 시험에 응시하는데요. 2차 시험에서는 면접과 수업 실연이 여러분을 기다리고 있습니다. 2차 시험과목은 교직 적성 심층 면접, 교수·학습과정안 작성, 수업 실연, 영어 면접 및 영어 수업 실연 4과목입니다. 2차 시험의 과목별 배점이나 문항 수, 시간, 출제 범위 등 세부 사항은 지역마다 다릅니다. 그래서 각 시·도 교육청 시험 시행 공고문을 반드시 살펴봐야 합니다. 내가 응시하는 지역이 어느 지역인지에 따라 시험 준비가 달라지거든요.

 초등 교사 임용 시험은 크게 8월에 선발 인원 사전 공지, 10월에 원서 접수, 11월경에 1차 시험, 1월경에 2차 시험, 2월에 최종 합격자 발표로 구성되어 있습니다. 자세한 시험 일정이나 과목별 배점 등 시험의 상세 사항에 대해서는 교육청 홈페이지에서 볼 수 있습니다. 내가 어느 지역의 임용에 응시할지에 따라 시험 준비가 달라지니까요.

교생 실습이라는 소중한 경험

 초등 교사가 되기 전 초등학교에서 학생들과 함께할 기회가 있습니다. 바로 교생 실습입니다.
 교생 실습은 교육대학을 다니며 2~4학년에 걸쳐서 하게 됩니다. 각 학년에 한 번씩 교생 실습을 가게 됩니다. 2학년 때는 4월에, 3학년 때는 10월에, 4학년 때는 6월에 주로 교생 실습에 참여하게 됩니다.

교생 실습을 나가기 전에 어느 학교에 교생 실습을 갈 것인지 신청하게 되는데, 보통 '실습학교'라고 불리는 몇 개의 학교 중 선택하여 신청합니다. 실습학교는 전국에 있는 교육대학 인근 지역에 있는 초등학교 4~5개 학교로 정해져 있습니다. 그중 한 곳을 선택하여 교생 실습에 참여하고, 모든 과정이 끝나면 보고서를 작성합니다.

2학년 때는 약 일주일간의 참관 실습으로 초등 교사가 되면 하게 되는 일들에 대해 처음 실질적으로 접하게 됩니다. 이때는 직접 수업하는 것이 아니라 여러 교실을 돌아다니며 현직에 계신 선생님들의 훌륭한 수업을 참관하며 수업에 대한 안목을 기릅니다.

3학년 때는 약 3~4주간의 교생 실습을 가게 되는데, 2학년 때와는 다르게 실습 학급 학생들을 대상으로 실제 수업을 진행합니다. 준비 과정에서 '교수·학습과정안'이라는 문서를 작성하며 수업을 계획하고 자료를 준비합니다. 수업이 끝난 뒤 담임 선생님의 지도 조언을 통해 개선해야 할 점을 확인합니다. 그리고 더 나은 수업을 위한 배움의 기회로 삼습니다.

4학년 때도 약 3~4주간의 교생 실습에 참여합니다. 4학년 때는 당장 내년에 있을 임용 시험공부를 위해 매우 바쁜 시기이기도 합니다. 이때 실습에 참여하는 것은 매우 힘들고 마음의 부담도 3학년 때와는 다르게 커집니다. 그래도 임용 시험 응시 자격을 얻기 위해서는 교생 실습에 꼭 참여해야 합니다. 이번에도 수업 준비를 하고 실습 학급 학생들과 수업을 한 뒤 담임 선생님께 조언을 듣습니다. 담임 선생님께서 학급 학생들 4~5명가량을 교생들에게 배정해 주어 실제로 학생 상담을 할 수 있도록 도와주시기도 합니다.

처음 교생 실습에 참여했을 때는 아무것도 모른 상태로 이 교실 저 교실을 돌아다니며 선생님들의 훌륭한 수업을 참관하느라 바빴습니다. 제가 따라서 할 수 있을까 생각이 들 정도로 멋진 수업을 하는 선생님들을 보며 대단하다고 감탄하기도 했습니다. 그러면서 제가 초등학교에 다닐 때 만난 선생님들의 모습이 겹쳐 보이기도 했습니다.

바쁘고 힘들기만 하다고 생각했던 교생 실습이 끝나는 날 아침에 후련하고 홀가분한 마음으로 교실에 들어갔는데, 제가 맡은 학생 5명이 제게 편지와 작은 꽃 한 송이를 주었습니다. 그것을 보고 교생 실습을 마냥 힘들다고만 생각했던 저 자신이 부끄러웠습니다. 이렇게 순수하게 선생님을 존경하고 사랑하는 마음을 표현하는 학생들에게 진심으로 고마웠습니다. 이 행복했던 기억이 지금까지 제가 초등 교사로 근무하는 큰 힘이 되고 있습니다.

초등 교직 풍토에 대한 이해

이렇게 초등 교사에 임용되어 교사 생활을 시작할 때 꼭 알아 두어야 할 것이 있다면 저는 초등 교직 풍토에 대한 이해라고 생각합니다.

어느 직종이든 그 직종 특유의 직장 문화가 있다고 생각하는데, 저는 초등 교직 풍토가 갖는 독특한 특징을 한 가지 꼽고 싶습니다. 그것은 바로 8세(만 6세)부터 65세(만 63세)까지의 전 생애 주기에 해당하는 인간에 대한 이해가 꼭 필요하다는 점입니다.

초등학교는 폭넓은 연령대의 사람들이 함께 어울려 일하고 생활하고 소통하는 공간이기 때문에 전 생애 주기에 포함된 인간에 대한 자세한 이해가 필요합니다. 인간의 연령대나 생애 주기에 따라 초등 교사에게 요구하는 것과 기대하는 바가 모두 다르기 때문입니다.

먼저 초등학생에 대한 이해가 필요하다고 생각합니다. 초등학생에게 선생님은 매우 큰 세계이고, 자신의 모든 어려움을 해결해 줄 수 있는 해결사입니다. 그리고 한편으로는 자기중심적이기도 합니다. 그래서 초등학생에게는 기다리는 것과 다른 사람의 처지에서 생각하는 것을 꼭 가르쳐야 합니다.

성인인 동료 선생님들과 교감 선생님, 교장 선생님은 제게 성인으로서, 교사로서 원하는 다양한 요구사항을 이야기합니다. 그것이 수업에 대한 것이기도 하고, 학급 경영이기도 합니다. 때로는 학부모님이나 학생과의 상담에 대한 것이기도 합니다.

　학부모님과의 관계도 빼놓을 수 없습니다. 학부모님은 미성년자인 자녀를 학교에 맡긴 만큼 기본적으로 불안하고 걱정되는 마음을 갖고 있습니다. 이러한 학부모님의 걱정을 덜고 자녀를 훌륭한 사회 구성원으로 성장할 수 있도록 하는 노력도 필요합니다.

　때로는 초등학생과 동료 교사, 교감 선생님, 교장 선생님, 학부모님 등 많은 분이 하는 이야기를 들으면 '이들은 왜 내게 이런 걸 요구하지?'라는 의구심을 갖게 될 때가 있습니다. 그럴 때는 그저 내가 할 수 있는 만큼의 범위에서 최선을 다하면 됩니다. 나 자신을 해치면서까지 그들의 요구를 무조건 수용할 수도 없고, 그럴 필요도 없습니다. 초등 교사도 결국 큰 범위에서 인간을 상대하는 일입니다. 그렇기에 인간을 깊이 이해하며 교직 풍토를 이해하고자 노력하되, 나를 보살피는 일도 게을리해서는 안 됩니다. 나에게는 내가 가장 소중하잖아요.

초등 교사는 초능력자가 되어야 한다

-이게 무슨 일이죠? 이상과 현실이 이렇게 달라도 되는 건가요?-

내가 만난 초등학교 선생님들

최종 임용 합격자 명단을 교육청 홈페이지에서 확인하고 나서 2월의 짧은 휴식을 거쳐 3월 1일 자로 초등 교사로서 처음 발령받았습니다. 그때 저는 세상을 다 얻은 것 같은 기분이었습니다. 내가 노력한 것이 결실을 보았다는 사실에 매우 들떴습니다. 그리고 초등 교사로서의 멋진 모습을 보여 주어야겠다는 굳은 결심을 하며 잠을 이루지 못했습니다.

초등 교사로서 첫 출근을 한 날, 얼마나 정신없이 지나갔는지 지금 생각해도 아찔합니다. 첫 출근을 하고 나서 하루가 어떻게 흘러갔는지 모를 정도로 정신이 없었습니다. 아침 8시에 출근을 했는데, 교실이 어딘지도 잘 모르겠더라고요. 아이들의 이름이 적혀 있는 명단을 받고 학년 연구실에서 처음 본 선생님들과 인사를 하던 긴장감이 아직도 생생합니다.

학년 연구실이라는 곳에 저를 포함한 같은 학년 선생님들 8명이 모여 새 학기 첫날 일정에 대해 협의하였습니다. 뭐가 어떻게 흘러가는지 모르는 채로 급류에 휩쓸려 가듯이 처음 접하는 업무가 휘몰아치는 것을 온몸으로 맞고 있었습니다. 새하얗게 질린 저를 본 선생님들께서 "첫날이라 많이 어렵죠? 그래도 3월만 지나면 좀 나아질 거예요."라고 하셨습니다. 처음 만나는 동료 선배 선생님들의 따뜻한 격려로 폭풍 같은 3월 한 달을 견딜 수 있었습니다.

그렇게 처음 보는 서류와 처음 하는 일들로 매일 버거운 날들을 보냈습니다. 그러면서 저는 제가 어린 시절 만났던 초등학교 선생님들의 모습을 자연스럽게 떠올렸습니다. 그리고 이런 생각이 들었습니다.

'나 초등학교 때 선생님들은 나처럼 이렇게 작은 일 하나에 동동거리지 않았는데….'

'내가 만난 5학년 때 선생님은 40명이 넘는 아이들과 있으면서 큰 소리 한 번 안 내고 늘 차분하고 정갈한 모습이었는데, 난 왜 이렇게 매일 아이들과 아웅다웅하고 있을까?'

'우리 반 6학년 선생님은 항상 아이들에게 밝게 웃어 주시는 분이셨는데, 난 왜 아이들 눈 마주치고 대화할 여유조차 없을까?'

이런 생각들로 내가 가진 교사로서 자질을 의심하고 있을 때 전 이런 결론을 내렸습니다.

'아, 내가 만났던 초등학교 선생님들은 모두 초능력자였구나. 난 그분들을 따라갈 수 없겠다. 그분들을 따라갈 수 없으니 내 나름의 길을 가야겠구나.'

그리고 초등 교사가 되고 나서 제가 무엇보다 많이 하게 된 생각은 이거였습니다.

'교사가 할 일이 이렇게 많았다고?'

아침에 출근해서 퇴근할 때까지 커피 한 잔은커녕 양치할 시간도, 의자에 궁둥이 붙이고 앉을 잠깐의 틈도 없었습니다. 교육과정 협의회를 비롯한 각종 업무의 연속이었습니다.
단 1분도 허투루 쓸 수가 없었어요. 한참 업무가 바빠 쉬는 시간에도 자리를 뜨지 못하고 컴퓨터 앞에 앉아 모니터를 바라보며 레이저를 쏘아댔습니다. 그런 저를 본 저희 반 남학생 한 명이 했던 말이 떠오릅니다.

"선생님 지금 모습이 카카오톡 이모티콘 같아요. 이거요."

　그 말을 듣고 처음에는 한참 웃었다가 이내 현실로 돌아와 다시 폭풍같이 업무를 했던 기억이 납니다. 그럼에도 저는 폭풍우가 몰아치는 바다 한가운데 떠 있는 나뭇잎 같은 위태로운 초임 교사였습니다. 저도 오후에 커피 한잔하면서 여유 있게 업무를 하는 날이 오려나 싶었습니다.

　초등 교사로 재직하면서 또 한 가지 놀라웠던 점은 협의회를 비롯한 크고 작은 회의가 매우 자주 있다는 것이었습니다. 생각보다 오후 시간을 온전히 책상에서 업무를 하며 보내기가 쉽지 않았습니다. 앞서 계속 언급했다시피 초등 교사의 업무는 학생 교육뿐만 아니라 학교에서 운영되는 각종 교육과정에 대한 회의를 거쳐 실제 시행하는 것도 포함됩니다. 그래서 업무를 추진할 때마다 다양한 구성원들과 모여서 여러 번에 걸쳐 회의를 진행합니다.

이때 회의에서 의견 일치가 되면 다행이지만, 그렇지 않으면 또다시 회의를 거쳐야 해서 이 또한 쉬운 일이 아닙니다.

회의가 짧게 끝나서 금방 업무 추진을 하게 되면 좋지만 그렇지 않은 경우도 있습니다. 그렇게 되면 행정업무를 처리하느라 교사로서 해야 하는 가장 중요한 일인 수업 준비는 못 하는 경우가 많았지요.

행정 업무에 필요한 서류를 정리하고 회의를 준비하느라 오후 시간을 모두 보냈습니다. 그리고 지친 몸을 이끌고 퇴근하면서 제가 드는 생각은 이거였습니다.

'세상에, 회의가 이렇게 많다고? 내가 초등 교사가 된 게 맞는 건가?'
'나 수업 준비 하나도 못 했는데 내일 수업 어떡하지?'

침대에 스며들 듯 잠들면서 꿈속의 나에게 초과근무를 시켜야 하나 생각합니다. 그리고 나 자신에게 말합니다.

"내일의 나야, 힘내라. 너 내일 출근하자마자 수업 준비해야 해."

나의 직장 동료는 8세부터 63세까지입니다

무슨 말인가 의아해하셨나요? 말 그대로입니다. 저는 직업 특성상 8

세부터 63세까지의 남녀노소 사람들과 함께 일하고 있습니다. 짐작했다시피 8시부터 13세까지는 초등학생이고, 그 외의 다양한 나이대의 성인들과 함께 일하게 됩니다. 그래서 저의 직장 동료는 14세부터 24세까지를 제외한 전 연령대가 되는 셈입니다.

실질적으로 초등학생들과 일을 하진 않지만, 제가 하는 가장 중요한 업무인 학생 교육의 대상이 되는 이들이라는 점에서 제게는 가장 중요한 사람들입니다. 학생들과의 유대를 다지는 것이 무엇보다 중요한 이유이기도 합니다. 그래서 새 학년이 시작되고 학생들과 만나는 첫 시간에 하는 활동이 있습니다. 자기소개와 다른 사람의 이야기 듣기, 같은 반의 구성원으로서 약속 정하기입니다. 이를 통해 다른 사람에게 자신을 선보일 수 있고, 서로에게 바라는 점을 이야기하면서 건강하게 의사소통하는 방법을 배우게 됩니다. 그래야 나중에 다툼이 생기더라도 자기 생각을 차분하고 정확하게 전달할 수 있으니까요.

초등학생에게는 제가 어른의 관점에서 "이런 상황에서는 이렇게 해야 하는 거야. 그래야 다른 사람에게 너의 생각을 정확하게 잘 전달할 수 있어."라고 가르칠 수 있습니다. 하지만 성인인 직장 동료를 대할 때는 다른 방식으로 대해야 합니다. 초등 교사의 직업병 중 하나가 소위 말하는 '다른 사람을 가르치려 한다.'라는 것입니다. 저는 이상하게 이 말을 듣는 것이 전부터 너무 싫었어요. 아무래도 제 성향 자체가 잔소리 듣는 것을 유난히 싫어하기 때문인 것 같습니다.

그래서 저는 발령을 받고 나서 의식적으로 생각한 것이 있습니다. 바로 '다른 사람의 일에 섣부르게 말하지 말자.'라는 것이었습니다. 나는 좋은 뜻에서 이야기한 것도 듣는 사람 처지에서는 "네가 교사라서 나도 가르치는 거냐?"라는 말이 나올 수 있을 거라는 생각에서였습니다.

이런 이유로 저는 학교에서 일하며 만나는 모든 성인에게 제 생각을 먼저 이야기하는 것을 최대한 삼가려 합니다. 학급 경영이 되었든, 학부모 상담이든 무엇이든지요. 초등학교 교사들 사이에 하는 말 중 "교사 한 명이 하나의 교육과정이 된다."라는 말이 있습니다. 모두가 초등 교사이기 때문에 자신만의 교육 철학이 있습니다. 그러니 자신만의 소신에 따라 학급을 운영하면 된다는 의미입니다. 흔히들 "교육에는 왕도가 없다."라고 하잖아요. 같은 맥락이라고 생각합니다.

단, 예외가 되는 상황이 있다면 그건 행정업무에 관한 일입니다. 동료 선생님께서 하는 업무가 만약 내가 이전에 맡았던 업무와 같은 것일 때가 있습니다. 그러면 그 선생님께서 효율적으로 일하실 수 있도록 저의 경험을 말씀드리는 것 정도입니다. 그러면 대부분 엄청나게 고마워하십니다. 그럴 땐 저의 작은 이야기가 상대에게 큰 도움이 된 것 같아 뿌듯합니다. 초등 교사로서 건강한 마음으로 생활하는 가장 좋은 방법은 동료 교사를 잘 만나는 것으로 생각합니다. 그리고 지금껏 제가 만났던 훌륭한 선생님들께 새삼 감사하는 마음을 갖게 됩니다.

교장, 교감 선생님을 대할 때는 또 다른 자아를 꺼내야 합니다. 동료 선생님들은 나이와 상관없이 예의만 갖춘다면 제가 동등한 입장에서 조언하거나 조언을 구할 수 있습니다. 그러나 교장 선생님이나 교감 선생님은 그렇지 않습니다. 제가 추진하는 일에 대한 허락을 받아야 합니다. 그러니 조심스러울 수밖에 없더라고요. 그래서 최대한 정중하고 예의 바르게, 간결하고 핵심을 정확하게 말씀드리고 얼른 나옵니다. 몇 년간의 초등 교사 생활을 하며 익힌 사회적 기술을 습득하여 적극적으로 활용하고 있습니다.

초등 교사의 일과가 궁금하신가요?

흔히들 초등 교사의 가장 큰 장점으로 빠른 퇴근 시간을 꼽습니다. 네, 맞습니다. 거의 전국의 모든 초등 교사는 오전 8시 30분부터 오후 4시 30분까지 근무합니다. 회사에 다니는 분들과 차이가 있다면 회사원들은 점심시간 1시간이 업무시간에 포함되지 않습니다. 그런데 초등 교사는 점심시간도 업무시간에 포함됩니다. 그렇다면 초등 교사의 일과는 어떻게 흘러갈까요? 여러분들의 초등학교 시절을 생각하며 추억을 돌아보는 것도 좋겠네요.

초등 교사의 업무 시작은 오전 8시 30분입니다만, 대부분의 선생님은 8시 15분 정도에 출근하십니다. 그래야 학생들과 아침 인사를 여유 있게 나눌 수 있고, 혹시 학교에 일찍 등교하는 학생들이 교실에서 혼자 있는 일이 없으니까요.

아침 8시 30분부터 아침 활동을 하는데요, 아침 활동을 하는 시간은 학교마다 조금씩 다릅니다. 1교시 시작 시각이 8시 50분인 학교도 있고, 9시 정각인 학교도 있거든요. 제가 지금 다니는 학교는 아침 8시 50분에 1교시를 시작합니다. 그러면 학생들이 아침 8시 30분부터 8시 50분까지 아침 활동을 하게 됩니다.

아침 활동은 대부분 책을 읽습니다. 여러분도 초등학교 때 선생님께서 책 읽으라는 말씀을 많이 하셨을 거로 생각합니다. 처음 학기가 시작될 때 아침 활동으로 독서하라고 하면 학생들은 처음에는 조용히 읽기 시작하다가 나중에는 점점 지루해합니다. 그래도 한 달 정도만 지나면 아침 활동에 익숙해집니다. 제가 독서하라는 이야기를 하지 않아도 스스로 책을 펴서 읽는 학생도 생깁니다. 초등학생의 자기 성장 능력이 이렇게 대단합니다. 이 글을 읽고 있는 여러분도 모두 이런 과정을 거쳐 멋지게 성장했겠다고 생각합니다.

초등학교에서 수업 시간은 40분, 쉬는 시간은 10분씩입니다. 학교마다 조금씩 다르게 일과가 구성되어 있습니다. 2교시와 3교시 사이 쉬는 시간을 20분으로 하여 놀이 시간을 마련하여 학생들이 놀이 활동을 교실에서 자유롭게 할 수 있도록 시정을 운영하는 학교도 있습니다. 이럴 때 보통 학급에서 구매한 보드게임을 하며 학생들이 친구와 사회활동을 하며 관계를 맺는 방법을 배웁니다. 아쉽게도 제가 다니는 초등학교는 놀이 시간을 운영하지 않습니다.

보통 초등학교는 4교시가 끝나고 점심을 먹습니다. 학생 수가 많아서 한꺼번에 급식실에서 식사하기 어려운 학교의 경우는 2개 학년 정도를 묶어 점심시간을 운영합니다. 예를 들어서 제가 다니는 학교에서는 1~2학년은 3교시 후에 점심을 먹습니다. 3~4학년은 4교시 후에, 5~6학년은 5교시가 끝나고 점심을 먹습니다. 점심시간이 40분이어서 생각보다 길지 않아 이 시간이 아이들에게는 어떤 시간보다 소중합니다.

아까 초등 교사는 점심시간이 업무시간에 포함된다고 했었습니다. 그래서 초등 교사는 학생들과 함께 점심을 먹습니다. 그리고 점심시간에 일어날지 모를 안전사고에 늘 대비하며 식생활 교육 및 안전교육을 해야 합니다. 이 때문에 초등 교사 중 위장병을 앓고 계신 분들이 많습니다. 학생들과 함께 밥을 먹으며 학생들의 안전 지도나 식생활 예절 지도 등을 하느라 식사에 집중하지 못하고 빠르게 밥을 먹습니다. 또는 학급에 특별히 돌봐야 할 학생이 있는 경우 해당 학생을 돌보느라 식사하지 못하는 경우도 종종 있어요.

특히 1학년 학생의 경우 급식에 돈가스나 뜯어 먹는 요구르트 같은 음식이 나올 때 젓가락질이 서툴거나 손의 힘이 부족하면 음식을 잘 챙겨 먹지 못하기도 합니다. 이럴 때는 선생님이 학생의 돈가스를 잘라 주거나 가위를 들고 돌아다니면서 학생들의 요구르트를 잘라 주곤 합니다. 물론 1학기를 지나면서 학생들이 스스로 먹을 수 있게 되면 조금 수월해지긴 하지만 그래도 초등 교사에게 식사 지도는 참으로 중요한 일입니다.

폭풍 같은 점심시간이 지나면 학년마다 오후 수업 일정이 조금씩 달라집니다. 보통 5교시 후 하교하는 학년은 1시 30분경에 마칩니다. 6교시 후 하교하는 학년은 2시 20분경에 학생들이 하교합니다. 그러면 남은 2~3시간여는 초등 교사에게 제2의 업무를 하는 시간입니다.

그렇다면 초등 교사에게 제1 업무는 무엇일까요? 짐작하셨다시피 학생들을 교육하는 일입니다. 제2의 업무는 학생들의 교육에 필요한 각종 행정업무를 하는 것입니다. 학교마다 운영하는 다양한 교육과정에 따라 선생님들이 역할을 나누어 맡아 운영하고 있고, 그 운영 방식은 많은 회의를 거쳐 확정되어 실제 적용됩니다. 지금은 전문 인력의 도움을 받고 있지만, 한때는 돌봄교실과 방과후학교 업무도 교사가 맡아 운영하기도 했습니다. 그만큼 학교에서 하는 행정업무는 생각보다 많고 다양합니다.

오후에 하는 업무 중 또 한 가지 중요한 업무가 바로 상담 업무입니다. 상담의 경우 학생 상담이 될 수도 있고, 학부모 상담이 될 수도 있습니다. 그리고 상담은 미리 사전에 연락을 받고 일정을 조율하여 이루어지기도 합니다. 하지만 예기치 못한 상황에서 상담 요청을 받게 되기도 합니다. 전자의 경우에는 사전에 상담하고자 하는 내용에 대해 미리 간단히 질문하여 상담 내용을 준비할 수 있습니다. 그러나 후자의 경우에는 갑작스럽게 하게 되는 상담인 만큼 마음의 준비가 되어 있지 않아 당황할 때도 있습니다.

그래도 최대한 학생과 학부모님의 이야기를 경청하여 충분한 대화가 이루어질 수 있도록 최선을 다합니다. 최선을 다해 이야기를 귀 기울여 들으면 상담을 요청한 학생이나 학부모님도 마음의 안정을 찾는 경우가 많았습니다. 이럴 때는 새삼 깨닫게 됩니다. 상담을 요청한다는 건 해결 방법을 얻고자 함이 아니라 마음을 터놓고 싶어 한다는 것을. 그리고 상담의 가장 큰 덕목은 잘 들어 주는 것이라는 것도 시간이 지남에 따라 알게 되더라고요.

지금 알고 있는 것을 그때도 알았더라면

초등 교사가 되면 여러 가지 컨설팅을 받을 기회가 있습니다. 예를 들면 임용 5년 차 이내의 신규 교사들에게는 '신규 교사 컨설팅'의 기회가 있습니다. 새내기 교사들이 선배 선생님께 다양한 것을 배울 수 있습니다. 학교 적응, 학습 지도와 생활 지도, 학생과 학부모 상담, 학급 경영, 업무 방법 등에 대한 기본적인 지식과 교수법들 말입니다. 이때 교육청에서 공문으로 여러 분야의 컨설턴트를 맡으실 선배 선생님들의 명단을 보내줍니다. 그러면 내가 받고 싶은 컨설팅 분야와 컨설턴트 선생님을 정하여 해당 선생님께 연락드립니다. 그리고 컨설팅 일정을 조율하여 만나 이야기를 나누고 조언을 얻기도 합니다.

그 외에도 연차와 관계없이 상담, 학급 경영, 수업, 업무 능력 증진 등 다양한 분야에서 선배 선생님께 컨설팅을 받을 기회가 있습니다. 학교로 보내주는 공문을 잘 살펴보고 희망하는 교사들은 컨설팅을 받으며 선배 선생님들의 귀한 경험을 들을 수 있습니다.

저는 5년 차 때 신규 교사 컨설팅을 신청하였습니다. 처음에는 수업 능력을 증진하는 것이 교사의 가장 우선순위라고 생각했습니다. 저는 담임으로서 학급 경영을 잘해 나가고 싶은 마음에 학급 경영 컨설팅을 요청하였습니다.

처음에 학급 경영 컨설팅을 요청하고 컨설턴트 선생님과 사전에 연락을 주고받으며 현재 제가 하고 있는 학급 경영에 대해 돌이켜 보는데, 그렇게 얼굴이 화끈거릴 수가 없었습니다. 컨설턴트 선생님께서 하시는 질문에 대해 제가 제대로 대답할 수 있는 것이 없었거든요. 수화기 너머로 컨설턴트 선생님께서 난감해하시는 듯한 약간의 한숨 소리를 들었습니다. 전화를 끊고 나서 내가 과연 컨설팅을 잘 받을 수 있을까 매우 걱정되었습니다.

긴장의 컨설팅 날, 6교시 수업이 끝나고 저희 반 교실에 컨설턴트 선생님께서 방문하셔서 교실을 이곳저곳 찬찬히 살펴보셨습니다. 어찌나 긴장되던지 제 두근거리는 심장 소리가 선생님께 들릴 것만 같아 조마조마했던 기억이 납니다.

저의 우려와는 달리 선생님께서는 웃으시며 제게 이렇게 말씀하셨습니다.

"긴장하지 마시고, 평소에 학급 경영을 어떻게 하고 계시는지 알려 주세요. 말은 컨설팅이지만 교육에는 정답이 없잖아요. 우리 서로 어떻게 학급 운영을 하고 있는지 이야기 나눠요."

선생님의 이 한마디에 그동안 했던 긴장이 눈 녹듯 사라졌고, 전 얼마 되지 않는 교직 경력과 학급 운영에 관해 이야기하며 선생님과 동료 교사로서 진솔한 대화를 할 수 있었습니다.

그리고 컨설팅이 끝나갈 즈음 컨설턴트 선생님께서 제게 하신 말이 기억에 남습니다.

"저도 누군가에게 들은 말인데요. 어떤 선생님께서 이런 글을 보셨대요. '지금 알고 있는 것을 그때도 알았더라면'이라는 말이었어요. 그런데 그게 신규 교사 시절을 지나온 자신에게 누군가 하는 말 같았다는 거예요. 그래서 그 선생님이 제게 그 말을 해 주시면서 본인의 신규 교사 시절을 돌아보게 됐다고 하시더라고요. 사람은 누구나 처음이 있고, 그 처음이 있어야 경력자가 되는 것 같아요. 저도 요즘 실수할 때마다 '지금 알고 있는 것을 그때도 알았더라면'이라는 생각이 들 때가 있거든요. 그런데 그 생각이 들 때마다 실수했던 자신의 새내기 시절을 책망하지 마세요. 그런 새내기 시절을 지나왔기 때문에 지금의 선생님이 있는 거니까요."

과거의 실수를 계속 끄집어내며 자신을 괴롭히는 저를 발견할 때마다 전 그때 컨설턴트 선생님께서 해 주신 말씀을 되뇌며 이렇게 생각하려 애씁니다.

'어차피 난 같은 사람이야. 지금 알고 있는 걸 그때 알았더라도 난 그렇게 할 수 없었을 거야.'

4

초등 교사가 바라보는
초등 교사의 미래는

-초등 교사의 역할은 무엇일까?-

교직을 바라보는 사회적인 시선의 변화

2023년 서울 모 초등학교에서 여름 방학을 앞두고 새내기 선생님께서 세상을 떠나시는 마음 아픈 일이 있었습니다. 이 일이 뉴스에 보도되고, 전국에 있는 모든 초등학교 선생님이 했던 생각은 아마 이거였을 것 같아요.

'터질 것이 터졌구나.'
'우리 살기 바빠서 그동안 동료 교사의 어려움에 귀를 기울이지 못했구나.'

이 일을 계기로 전국에 있는 초등 교사들이 서울에 모여 자발적으로 집회를 이루었고, 그동안 우리가 겪었던 힘들었던 일들에 대해 목소리를 내기 시작했습니다. 그리고 주변에 있는 동료 선생님들께 더 자주 안부를 묻고, 서로의 안녕에 관심을 두게 되었습니다.

많은 교사가 목소리를 내면서 방송과 언론에서도 이에 조금씩 관심을 보였고, 대중들도 교사의 목소리에 귀를 기울이기 시작했습니다.
그리고 저는 이 일을 계기로 교사가 마냥 일찍 퇴근하는 꿀 같은 직업만은 아니라는 생각을 많은 사람이 하게 되었다고 생각합니다. 교사들이 겪는 어려움에 사람들이 조금씩 관심을 두고 공감하게 되었다는 데 큰 의미가 있다고 생각합니다.
이 일이 있은 뒤로도 초등학교에서 여러 명의 선생님께서 세상을 떠나셨다는 이야기를 접하게 되었고, 그런 일들을 다룬 영상에 어떤 네티즌이 쓴 댓글이 기억에 남았습니다.

"도대체 요즘 초등학교 교실에서는 무슨 일이 일어나고 있는 거지?"

변화하는 사회 속 교사의 역할

2019년 말에서 2020년 초를 지나며 우리는 학교의 새로운 교육과정을 경험하게 되었습니다. 바로 '온라인 개학'인데요. 코로나19로 인해 사회적 거리 두기가 강화되면서 다중이용시설 이용을 자제하도록 국가에서 지침이 내려왔었던 것 기억하시나요? 그러한 지침의 하나로 학교에서도 새로운 형식으로 학년도를 시작하게 되었습니다.

'온라인 개학'을 통해 학생들은 학교에서 사전에 안내한 화상회의 사이트를 통해 가정에서 새 학년을 맞이하게 되었습니다. 그리고 학교마다 다양한 코로나19 맞춤형 교육과정이 생겨났습니다. 격주로 등교와 온라인 학습을 하기도 하였고, '드라이브스루' 형식으로 학교에서 스마트 기기(태블릿PC)를 대여하기도 했습니다. 가정에서 온라인 학습을 할 때 필요한 유인물을 받아 가기도 하였습니다. 이러한 새로운 형태의 교육과정을 거치며 어른들은 아이들의 기초 학력을 걱정하였습니다. 아이들은 학교에 가지 못하는 아쉬움을 키우며 코로나19가 지나가길 기다려야 했습니다. 간신히 학교에 오는 주간에는 교실에서 친구들과 이야기도 할 수 없었고, 짝 없이 혼자 시험 볼 때처럼 앉아야 했습니다. 급식실에서는 투명 칸막이를 세워 놓고 말 한마디 할 수 없었습니다.

그렇게 모두의 노력으로 코로나19를 지나고 우리에게 남은 건 무엇이었을까요? 바로 온라인 학습으로 인해 아이들이 겪어야 했던 사회적 기술과 기본 학습 능력의 결손이었습니다. 학습 능력은 가정에서 많은 노력을 기울여 주신 경우 어느 정도 만회할 수 있었습니다. 하지만 사회적 기술은 그렇지 못했습니다. 아이들은 또래 집단 내에서 친구와 상호작용을 하며 나와 다른 생각이나 생활 양식을 가진 사람을 이해합니다. 그리고 이들과 공동체 내에서 원만하게 지낼 수 있는 기술을 습득해야 합니다. 그런데 코로나19로 인해 학교에 나오지 못하는 기간 동안 사회적 기술 습득을 하지 못했습니다. 그래서 아이들은 다른 사람을 대할 때 적절한 의사소통 방법을 알지 못하고 자라게 되었습니다.

지금도 교실에서 친구 관계가 원만하지 못한 아이들을 보면 혹시 그로 인한 어려움이 있지 않았을까 걱정이 됩니다. 이럴 때 보면 학교의 역할을 단순히 지식 전수만으로 바라보는 시대는 지나갔습니다. 시대가 변해도 변하지 않는 학교와 교사의 중요한 역할이 있다고 생각합니다. 그것은 학생들이 사회 구성원으로서 다른 사람과 어울려 살아가는 방식을 터득할 수 있도록 돕는 것입니다.

현재 우리 사회를 관통하는 또 한 가지 사회적 문제라고 한다면 저출산 문제가 있을 것입니다. 저출산 문제는 참 해결이 어려운 숙제와도 같다고 생각합니다. 지금 당장 해결이 되지 않지만, 우리 사회에 미치는 영향이 크니까요. 학교에서도 저출산에 관한 이야기를 많이 합니다. 아이들에게 정치에 참여하는 사람이 되어 저출산 관련 대책을 세워 보자며 화두를 던지기도 합니다. 그럴 때마다 아이들은 기발한 아이디어로 저출산 관련 대책을 내놓는데, 어른인 제가 미처 생각지 못한 것들을 생각하는 아이들이 실로 대단합니다.

요즘은 저출산 말고도 '인구 절벽'이라는 말도 있더라고요. 저출산으로 인해 인구가 줄어 절벽에 이르는 것 같다는 뜻일 겁니다. 그만큼 아이들 한 명 한 명이 소중한 요즘입니다. 이들이 사회에 진출하여 자신의 역할을 다할 수 있도록 교육하는 것이 제가 초등 교사로서 해야 할 가장 중요한 과업이 아닐지 생각합니다.

더불어 학교와 지자체에서도 저출산으로 인한 문제 해결의 하나로 '아이를 키우기 좋은 환경'을 만들기 위해 큰 노력을 하고 있습니다. 학교에서 이루어지고 있는 다양한 프로그램들이 있습니다. 방과 후 학교 프로그램이나 돌봄 교실, 늘봄 학교, 지역아동센터에서 실시하는 긴급 돌봄 서비스가 그런 것입니다.

코로나19와 저출산 사회를 지나는 초등학교에서는 이렇게 많은 숙제를 안고 이를 해결하기 위해 끊임없이 노력하고 있습니다.

진짜 초등 교사가 되고 싶어요

앞서 언급한 많은 선생님의 고초와 어려움을 접하게 될 때는 저도 모르게 '내가 이 일을 정년까지 할 수 있을까?'에 대한 질문을 저 자신에게 하게 됩니다. 내가 초등학교 때 보았던 교사의 모습은 이런 게 아니었거든요.

그럼에도 저는 초등 교사가 되고 싶습니다. 앞으로도 초등 교사로 남고 싶습니다. 저를 믿고 따르는 순수한 마음을 가진 우리 반 학생들이 있기 때문입니다.

제가 부임한 두 번째 학교는 주택가에 있는 학교였습니다. 그 당시 우리 학교에는 부모님께서 아침 일찍 출근하시고 저녁 늦게 들어오시는 가정이 많았습니다. 아이들의 얼굴을 볼 시간이 얼마 되지 않는 아이들이 많았습니다. 그래서 아이들이 늘 어른의 사랑에 목말랐고, 방과 후에도 늦은 시간까지 교실에 남아 선생님과 이야기를 나누기를 좋아했습니다.

아이들은 6학년이 될 때까지 학습 습관이 정착되지 않아 수업 시간에 졸기 일쑤였습니다. 쉬는 시간과 수업 시간도 구별하지 못했고, 자신이 돌아다니고 싶을 때 아무 때나 일어나서 돌아다니는 학생도 있었습니다. 배운 내용을 잘 기억하지 못하여 부모님의 동의를 얻어 방과 후에 학습 지도를 해야 하는 학생들도 많았습니다.

그럼에도 이들에게는 어른에 대한 존경과 믿음, 예절, 순수한 마음이 있었습니다. 그래서 저를 비롯한 우리 학교 선생님들 모두 아이들에게 많은 관심과 애정을 쏟을 수 있었습니다. 아이들도 선생님의 마음을 느끼고 열심히 학교생활을 하였습니다. 이렇게 아이들과 1년을 보내고 졸업식이 끝날 때 수고했다고 아이들을 안아줄 때는 울컥하는 마음이 들었습니다. 내가 조금이나마 이 아이의 1년에 도움이 되었길 바라는 간절한 마음도 있었습니다.

이때 졸업한 아이들이 8년이 지난 지금도 가끔 연락해 옵니다. 작년에 수능 시험을 봤다는 제자의 이야기를 들으며 이 아이와 함께한 1년을 추억 삼아 돌아보기도 하였습니다. 그리고 그의 1년에 내가 어떤 사람이었는지도 생각해 보았습니다. 이럴 때 저는 교사로서의 보람을 느낍니다.

한 인간을 길러내는 일의 숭고함

'한 아이를 키우려면 온 마을이 필요하다.'라는 아프리카 속담이 있다고 합니다. 저는 이 속담을 몇 년 전 1학년 학생들의 담임을 맡게 되면서 처음 접하였습니다. 처음에는 무슨 말인지 잘 몰랐는데, 1학년 아이들과 1년을 함께 보내며 이 말의 의미를 알게 되었습니다.

처음 학교에 입학한 1학년 아이들은 아무것도 모르는 상태로 유치원에서 학교라는 보다 큰 곳으로 사회생활의 공간을 옮기게 됩니다. 유치원과는 다른 교실 생김새, 다른 친구들, 새로운 선생님과 교과서, 딱딱한 책상과 의자도 낯설 것입니다. 정해진 수업 시간과 지켜야 할 규칙 등 8세의 아이들에게는 모든 것이 어려운 것이리라 생각합니다.

첫 수업 시간에 저는 이 아이들이 나와 어느 정도로 의사소통할 수 있는지부터 확인해야 했습니다. 그래서 여러 가지 질문을 던졌어요. 글을 읽고 쓸 줄 아는 사람, 자기 이름을 읽고 쓸 줄 아는 사람, 숫자를 읽고 쓸 줄 아는 사람이 있는지 물어보았습니다. 집에서 학교까지 오는 길을 알고 있는 사람, 혼자서 우리 교실을 찾아올 수 있는 사람이 있는지도요. 방과 후에 내가 어디로 가야 하는지 알고 있는 사람이 있는지도 물어봤습니다. 저는 곧 아이들에게 '궁금 선생님'이 되어 있었습니다. 아이들에게 무언가를 지도할 때 제가 아이들에게 "선생님이 여러분에게 궁금한 것이 있어요. ~~할 줄 아는 사람 손 들어 볼까요?"라고 늘 물어봤거든요.

그래도 그들이 3월이 지나서 분리수거를 할 수 있게 되고, 4월이 지나면서 우리 학교에 있는 교실 곳곳을 스스로 찾아다닐 수 있게 되었습니다. 5월이 지나며 교내 도서관에서 혼자 책을 빌려올 수 있게 되면서 아이들은 차츰 학교에 잘 적응하였습니다. 안도감이 드는 한편, 석 달간 아이들이 얼마나 열심히 노력했을지 기특한 마음도 듭니다.

그러다 여름 방학을 할 때쯤 되면 가위질과 선 긋기를 할 수 있게 되고, 자기 자리를 정돈하고 책상 줄을 맞출 수 있는 경지에까지 이르게 됩니다. 그리고 2학기가 되면 간단한 글을 읽고 쓸 수 있는 능력까지 갖추게 됩니다. 이 모든 성장 과정을 1년에 걸쳐 지켜보게 되면서 여러 가지 생각이 들었습니다.

'이 아이들이 이렇게 성장하게 되기까지 얼마나 많은 사람들(특히 주변 어른들)의 애정 어린 도움을 받았을까? 그리고 그 어른들이 이 아이를 보면 얼마나 기특하고 뭉클한 마음이 들까? 역시 한 아이를 키우려면 온 마을이 필요하구나.'

이 세상에 있는 아이의 성장에 도움을 주는 모든 분께 진심으로 존경과 경의를 표합니다. 그리고 아이들의 안전하고 원만한 성장을 위해 우리 사회의 모든 어른이 강한 책임 의식을 갖고 아이들에게 도움을 주시기를 소망합니다.

5

초등 교사와 함께하는 Q&A

-현직 초등 교사에게 물어봐!-

Q1 선생님도 어릴 때부터 선생님이 되고 싶었나요?

저는 앞서 1부에서 언급했다시피 어릴 때 만난 선생님들에 대한 기억이 대체로 좋았습니다. 어린 제 눈에는 미성숙한 우리들의 요구를 척척 들어주고 적절한 말로 대해 주는 선생님들이 무척 큰 사람처럼 보였고, 나도 저런 어른이 되고 싶다는 동경이 있었습니다. 중고등학교를 거치며 계속해서 꿈이 바뀔 때도 많았습니다. 하지만 선생님이 되고 싶다는 꿈은 제 마음 아래 한편에 자리 잡고 떠나지 않았습니다.

물론 앞서 언급한 바와 같이 중학교나 고등학교 다닐 때 인테리어 디자이너나 방송국 PD, 라디오 작가 등이 되고 싶었던 적은 잠깐씩 있었습니다. 그렇지만 제가 마음속으로 가장 되고 싶었던 직업은 선생님이었습니다. 초등학교 때 제가 본 선생님들은 모든 것을 알고 있고, 어떤 어려운 일도 금세 해결해

내는 멋진 사람들이었거든요.

초등 교사가 된 지금 제 모습을 보며 가끔 학생들이 "저도 선생님처럼 선생님이 되고 싶어요."라고 말하면 고맙고 뿌듯합니다. 하지만 한편으로는 내가 더 나은 선생님이 되어야겠다고 다짐하게 되는 계기가 되기도 합니다. 그래서 학생들에게 하는 말이나 행동을 조금 더 신중하게 해야겠다고 생각하며 초등 교사로서 일하고 있습니다. 아이의 눈에 본 어른의 모습은 그 아이의 미래를 결정할 수 있는 큰 힘을 갖고 있다고 생각합니다.

Q2 말 안 듣는 아이를 만났을 때 어떻게 하시나요?

질문하신 '말 안 듣는' 아이는 어떻게 보면 '어른의 뜻대로 통제되지 않는' 아이일 수도 있고, '예의 없는' 아이일 수도 있겠다는 생각이 드는데요. 만일 전자의 의미라면 저는 그게 당연하다고 생각합니다. 어른이 이끌어 가는 대로 한 번에 따라오지 않기 때문에 그들이 '미성숙한 인간(미성년자)'으로서 어른의 보호를 받을 권리를 갖게 되니까요.

물론 저도 처음부터 이렇게 생각했던 것은 아닙니다. 초임 교사 시절에는 제가 나름대로 세운 학급 경영 원칙이나 계획들을 아이들이 따라주지 않을 때 많이 속상하기도 했습니다. 때로는 어린아이들이지만 원망스럽기도 했습니다. 왜 내 마음을 알아주지 않는가에 대해 생각하며 혼자서 많이 힘들어했습니다.

그런데 그들은 그냥 어린이기 때문에 어른의 마음을 헤아리지 못하는 것뿐입니다. 아이들에게 어른으로서 꼭 지켜야 할 규범을 가르쳐야 한다면 정확하게 말해 줘야 합니다. '우리는 다른 사람과 지낼 때 ~이것을 해야 해. 그래야 함께 생활할 수 있어.'라고 알려줍니다. 그리고 기다려 줘야 합니다. 아이들은 한 번에 듣지 않기 때문에 끊임없는 반복이 필요합니다. 그런 의미에서 인내심은 미성숙한 대상을 상대하는 어른이 가져야 할 가장 큰 덕목이 아닐까 싶습니다.

만약에 예의가 없는 학생이라면 저는 학생의 말과 행동을 즉각적으로 지적합니다. 아이가 자신의 말이나 행동이 무례하다는 것을 모르는 경우도 많거든요. 예를 들어 설명해 보겠습니다. 계속 교실을 돌아다니면서 다른 친구의 공부를 방해하는 학생이 있다면 어른으로서 단호하고 즉각적인 개입이 필요합니다. 왜냐하면 그 학생이 예의 없이 행동하며 다른 사람에게 피해를 주는 동안, 선량한 다른 누군가는 피해를 보게 되니까요. 그럴 때 저는 학생에게 이렇게 말합니다.

"지금은 수업 시간이야. 수업 시작종이 치기 전에 자리에 앉고 수업을 준비하는 것이 우리의 규칙이야. 규칙은 지켜야 하고, 수업 시간에 네가 친구 자리 주변을 돌아다니면 너와 친구들이 공부에 집중할 수 없어. 그러면 우리가 모두 힘든 학교생활을 하게 돼. 그리고 어른이 무언가를 이야기할 때는 집중해서 잘 듣고 공손하게 행동하는 거야."라고 말합니다. 그 학생의 말과 행동이 어떻게 잘못되었는지, 어떻게 해야 하는지 자세히 설명합니다.

매우 많은 과정을 거치는 것 같지만 기본은 하나라고 생각합니다. 내가 누군가에게 대접받고 싶다면 내가 먼저 대접하고, 대접받을 자격을 갖추어 말하고 행동해라. 그리고 학교는 내가 하고 싶은 대로 모든 걸 할 수 있는 곳이 아니다. 내가 하기 싫은 것도 참고 견디며 해야 하는 곳이다. 이것을 아이들에게 끊임없이 알려 주는 것입니다.

Q3 초등 교사가 되기 전에는 몰랐는데, 되고 보니 꼭 필요한 자질은 무엇일까요?

앞서 언급한 "인내심"이라는 자질을 첫 번째로 꼽겠습니다. 초등학생을 대할 때 인내심에 대해서는 아무리 강조해도 지나치지 않습니다.

대학교 때부터 초등학생들의 집중력이 평균 10분을 넘지 않는다고 배웠지만, 실제 발령받고 나서 만난 그들은 정말 그러했습니다. 학생들은 자신이 하고 싶은 일은 당장 할 수 있어야 하고, 자신이 하기 싫은 일은 하지 않고 싶어 합니다. 이건 모든 사람이 마찬가지겠지만 특히 초등학생들은 어른만큼 참고 견디는 힘이 부족해서 더욱 그렇습니다. 그건 이들이 나쁜 사람이어서가 아니라 미성숙한 존재이기 때문입니다. 그래서 초등학교에서는 학생들에게 참고 견디는 것을 꼭 가르쳐야 한다고 생각합니다. 학생들은 어린이집이나 유치원을 통해 가족이 아닌 다른 사람들을 만납니다. 하지만 "학교"라는 이름의 사회에 첫발을 딛는 것이기 때문에 초등 교사는 이에 대해 강한 책임감을 느끼고 학생들을 대해야 합니다.

학교에서 처음 겪는 불편하거나 어려운 상황에 직면한 초등학생들에게 참고 견디는 것이 얼마나 중요한지, 왜 참고 견뎌야 하는지, 참고 견디는 방법을 아는 것은 중요합니다. 이것들이 어떤 자양분이 되는지 알려 주는 것 또한 초등 교사로서 가져야 하는 큰 책임감입니다. 그래야 이들이 성인이 되어 사회에 진출했을 때 힘든 상황에 직면하더라도 학교에서 배운 참고 견디는 힘을 발휘하여 자신이 겪는 어려움을 극복할 수 있다고 믿습니다.

그래서 저는 미성숙한 존재(어린이)에서 어엿한 사회 구성원으로 성장할 수 있도록 돕는 사람으로서 인내심을 갖고 기다려 주는 것만큼 필요한 덕목은 없다고 생각합니다.

Q4 초등학교 현장에서 경계선 지능이나 학습 장애처럼 일반 발달 아이들과 구분하기 어렵지만, 학업을 어려워하는 아이들을 발견하면 어떻게 하시나요?

요즘은 ADHD와 더불어 "느린 학습자" 또는 "경계성 지능 장애"라는 말이 현장에서 많이 쓰이고 있습니다. ADHD는 누가 봐도 주의 집중이나 충동성 절제가 되지 않아 많은 학부모님께서 관심을 기울이고 치료를 받기 위해 애쓰십니다. 그러나 느린 학습자나 경계성 지능 장애에 해당하는 학생의 학부모님께서는 그렇지 못한 경우가 많습니다. 일단 일상생활이나 학교생활을 하는 데 크게 지장이 있지 않거든요. 학교에서 같은 연령대의 또래 친구들과 함께 생활하는 것을 보았을 때는 잘 모르는 경우가 많습니다. 하지만 주의 집중이나 과제 집착 정도, 학습 내용에 대한 이해 정도 등에 차이가 보이게 됩니다. 결국 느린 학습자나 경계성 지능 장애에 해당하는 학생은 중학교에 가면 학업 성취도에서 큰 차이를 보입니다.

이런 학생들에게 도움을 주기 위해 초등학교 1, 4학년 학생들은 학교에서 실시하는 "정서 행동 검사"에 참여하게 됩니다. 이 검사 결과를 살펴보고, 추가 검사나 상담이 필요하다고 판단되는 학생의 학부모님께 전문 기관을 연계하여 상담을 받아 보실 것을 권합니다. 그런데 또 다른 문제가 있습니다. 이 추가 검사 대상으로 나타나지 않는 학생 중에도 느린 학습자나 경계성 지능 장애가 의심되는 학생이 발견된다는 점입니다.

이럴 때 1학기 동안 꾸준히 담임선생님의 관찰과 학생 상담을 진행한 뒤에 1학기가 끝나갈 무렵 학부모님께 학생의 현재 상황과 담임으로서 검사를 권장합니다. 부모님이 자녀의 상태에 대해 진지하게 받아들이고 검사에 참여하면 전문적 치료와 상담으로 상태가 호전됩니다. 하지만 자녀의 현재 상황을 받아들이지 못하시는 학부모님께서는 담임선생님을 원망하기도 합니다. 담임선생님이 우리 아이를 '문제 있는 아이'로 본다고 생각하시는 듯합니다. 이러한 점 또한 초등 교사가 갖는 고충 중 하나일 것으로 생각합니다.

Q5 선생님이 제일 뿌듯했던 순간은 언제인가요?

저는 개인적으로 제가 지도했던 학생들이 상급 학교에 진학하여 저를 찾아오거나, 1년이 지나고 새 학년에 올라갈 때 제게 고마움을 표현할 때 교사로서 큰 보람을 느낍니다. 앞서 언급한 바와 같이 교사는 미성숙한 대상을 성숙한 인격체로 성장하도록 돕는 일입니다. 1년이 지나면서 성장한 학생들을 볼 때 매우 기쁩니다. 그리고 그들이 시간 지나서 저를 기억하고 찾아와 주는 것이 정말 고맙습니다. 사람이 살면서 수많은 사람을 만나는데, 저는 이런 생각을 하며 감사함을 느낍니다.

'그 많은 사람 중 내가 그래도 나쁜 사람은 아니었구나.'

최근에 만난 제자 중에 대학교에 입학하고 나서 첫 시험을 봤다고 하면서 찾아온 제자가 있습니다. 이 학생을 처음 만난 것이 8년 전이었고, 그때 이 학생은 초등학교 5학년이었습니다. 초등학교 5학년이었던 아이가 멋지게 자라 훌륭한 대학생이 되었고, 대학교에 입학하여 첫 시험을 보고 나서 제게 연락을 해 왔던 것입니다. 초등학교 졸업 후에도 가끔 연락해 오던 제자였습니다. 그런 학생이 막상 성인의 문턱을 넘고 있는 제자가 저를 떠올리며 찾아왔다는 사실에 매우 감동했습니다.

이 제자를 작년 겨울에 만났을 때 자신이 어느 대학을 가고 싶은지, 어느 과를 가고 싶은지 등에 대해 이야기했던 것이 엊그제 같다는 생각이 들었습니다. 그런데 어느새 어엿한 대학생이 되어 아르바이트도 하면서 대학 생활을 잘해 나가는 것을 보니 기특했습니다. 친구 중에 저를 만나고 싶어 하는 다른 친구들이 또 있다고 하는 말을 듣고 매우 기뻤습니다. 그리고 그 학생과 다음에 꼭 다시 만나자고 약속하였습니다. 저와 행복하게 대화하고 인사하며 돌아가는 제자를 보면서 마음이 풍성해지는 것을 느꼈습니다. 제가 저 아이의 초등학교 1년을 행복하게 만드는 데 작은 역할이라도 할 수 있어서 참 기뻤습니다. 선생님이라는 직업을 가진 사람만이 느낄 수 있는 보람이라고 생각합니다.

미래의 초등 교사들에게 쓰는 편지

  안녕하세요? 먼저 이렇게 제 직업에 대해 진솔한 글을 쓸 수 있게 되어 진심으로 기쁘고 감사하게 생각합니다.

  진로와 직업 선택의 갈림길에 선 청소년 여러분에게 저는 먼저 이것을 묻고 싶습니다.
  당신은 어떤 사람입니까? 또, 당신은 어떤 삶을 살고 싶은가요?
  이 질문을 하는 이유는 모든 건 결국 '내'가 하는 선택이기 때문입니다. 그래서 저는 여러분에게 '나'라는 사람에 대해 충분히 탐색할 시간을 들이라고 말씀드리고 싶어요.
  '나는 혼자 있는 것을 좋아하는가? 어느 연령대의 사람을 대하는 것이 수월한가? 활동적인 것과 정적인 것 중 어느 것을 선호하는가? 계획을 세워 한 번에 하나씩 실천하는 것과 여러 가지 일을 한 번에 해 나가는 것 중 무엇을 잘하는가? 느려도 시간을 들이는 것과 빠른 시간 안에 즉각적인 결과물을 받아 들 수 있는 일 중 무엇을 잘하는가?' 등 말입니다.

여러분은 어떤 것을 선호하는 사람인가요? 나에 대해 많이 알고자 하면 할수록, 나를 깊이 있게 탐색할수록 나의 진로와 직업 선택에 큰 도움이 될 거라고 확신할 수 있습니다. 부디 내가 어떤 사람인지 고민하는 일에 시간을 아끼지 말길 간절히 바랍니다.

요즘 '초등 교사 의원면직 브이로그'라는 제목의 영상들을 꽤 많이 봤습니다. 의원면직이란 공무원이 본인의 희망에 따라 사직서를 제출하고, 그 일을 그만두는 것을 의미합니다. 의원면직 관련 영상을 보면서 그들의 선택이 정말 용기 있고 멋지다고 생각했습니다. 내가 한 선택을 빠르게 판단하고 다른 길을 탐색할 수 있다는 것. 그것은 엄청난 용기와 자기 확신이 필요한 일이잖아요.

이렇게 내가 얻은 직업을 뒤로하고 다른 직업을 선택하는 사람들이 많이 늘고 있습니다. 하지만 이런 선택을 한 모든 사람이 다른 직업 선택에 성공하는 것을 아닐 거예요. 어떤 일이든 성공하는 사람이 있다면 그렇지 않은 사람도 있을 것입니다.

그렇지만 진로 변경에 성공하지 못했다고 해서 그동안 들인 시간과 노력이 모두 헛수고인 것은 아닙니다. 모두의 선택은 소중하고, 자신의 선택에 책임질 수 있는 마음만 갖고 있다면 어떤 선택이든 존중받아 마땅하다고 생각합니다.

  진로와 직업 선택을 위해 치열하게 고민하며 살아가는 청소년 여러분, 여러분의 선택 하나하나는 무엇과도 바꿀 수 없을 만큼 소중합니다. 다른 사람과 비교하거나 자신을 낮잡아 보지 않으셨으면 좋겠습니다. 남들의 기준에 맞추지 않고 나를 들여다보고, 필요하다면 새로운 길을 개척하는 용기 있는 선택을 하시는 멋진 분들도 계시리라 생각합니다. 성실하게 준비하고 치열하게 고민해서 신중하게 선택하는 멋진 여러분이 되기를 응원합니다.
  다시 한번 진심으로 감사합니다!

진로 단어장

알아 두면 쓸모 있는 초등 교사 용어들

교육과정 교육 목표를 달성하기 위하여 선택된 교육 내용과 학습 활동을 체계적으로 편성하고 조직한 전체 계획으로, 커리큘럼 또는 교과 과정, 학과 과정이라고도 부릅니다. 이러한 교육과정들은 서로 밀접하게 관계를 맺고 있습니다.

협의회 여러 사람이 모여 어떤 주제에 대해 서로 의논하기 위해 여는 모임을 뜻합니다. 초등학교에서도 학생들의 교육 활동을 위해 학사 일정이나 학교 행사 계획, 학교 교육 과정 등을 협의회를 통해 결정하게 됩니다.

학급 경영 교육 목적에 따라 학급을 효율적으로 운영하는 모든 일을 의미합니다.

상담(학생/학부모) 초등학교에서의 상담은 학급 내외(또는 학교)에서 일어나는 학교생활 전반적인 문제에 관한 것입니다. 이를 해결하거나 궁금증을 풀기 위해 학생이나 학부모와 의논하는 모든 활동을 뜻합니다.

컨설팅(수업/학급 경영) 초등학교에서 컨설팅은 어떤 분야에 대해 전문적인 지식이나 기술을 가진 사람이 경험과 기술이 적은 사람을 상담하고 도와주는 일을 말합니다. 그리고 의견을 제시하고 조언을 해 주는 활동도 포함합니다.

온라인 개학 코로나19 예방 차원에서 사회적 거리 두기 강화를 위해 등장한 교육과정 용어입니다. 학교에서 학생들에게 온라인 수업을 듣기 위한 누리집을 문자 메시지나 학급 커뮤니티로 미리 안내합니다. 또, 학생들은 가정에서 온라인으로 개학식을 시청하고 학교 교육과정이 시작되는 것을 의미합니다.

돌봄 교실 학교 또는 국가가 지정한 민간단체에서 정규 수업이 끝난 맞벌이 가정의 학생들을 대상으로 하는 교실입니다. 서민층의 사교육비 부담을 줄이기 위해 저렴한 비용으로 일정 시간 동안 추가 교육을 하는 교실을 뜻합니다.

방과 후 학교 학교에서 정규 교육 과정 이외의 시간에 운영되는 교육을 의미합니다. 최근에는 '선택형 교육 프로그램'으로 명칭을 변경하였습니다.

늘봄 학교 정규 수업 이외에 학교와 지역사회의 다양한 교육 자원을 연계하여 학생 성장 및 발달을 위해 제공하는 종합 교육 프로그램입니다. 늘봄 학교는 학교 내외의 지역 자원과 연계해 프로그램을 구성합니다. 그리고 전담 인력(늘봄 지원실)을 배치하여 교사의 행정 부담을 줄이고자 하였습니다.

긴급 돌봄 갑작스러운 가정 사정으로 초등학생 자녀를 맡길 곳이 필요한 경우, 가까운 '지역아동센터'에서 단시간 돌봄을 무료로 이용할 수 있는 서비스입니다.

> 놀이치료사 직업 에세이

진로 세 걸음
놀이치료사에 대한 모든 것

— 놀이치료사 마잇 윤쌤

… #

여러분에게 놀이치료사는 어떤 직업인가요

-한 아이의 삶과 함께 성장하는 매력-

저는 아이들의 맑은 눈망울과 재잘거림이 좋아서, 아동, 청소년 상담을 공부하기로 마음먹었습니다. 조금 늦은 나이에 대학원을 진학했고, 어느덧 10년 넘게 놀이치료사로 살아가고 있습니다. 대학원만 졸업하면 전문가가 될 줄 알았는데, 그건 큰 오해였습니다. 저에게 배움은 아직 끝나지 않았습니다. 오늘도 새로운 이론과 연구, 현장의 변화에 발맞춰 공부하며 지냅니다. 놀이치료 한 타임, 아이 한 명, 한 가족을 만나기까지 준비해야 할 것들이 많지만, 그럼에도 제가 계속 이 일을 해 나가는 힘은, 좋아하는 일을 스스로 선택했기 때문이라고 생각합니다.

아동, 청소년 상담 분야에 종사하는 사람들끼리는 이런 농담을 합니다.
"우리는 몇십 년째 유망 직종이다."
몇십 년 전에도, AI가 빠르게 발달하고 있는 지금도 '유망 직종'으로 분류되고 있으니까요. 실제로 이 일은 감정과 관계, 소통, 상호작용을 중요하게 다루기 때문에, 기술이나 기계로는 대체하기 어렵습니다.

하지만 그보다 더 저를 이 일에 빠져들게 만든 매력은 따로 있습니다. 바로 한 아이의 삶이 조금씩 달라지는 그 순간을 함께 할 수 있다는 점입니다. 물론 그 변화를 그렇게 자주 볼 수 있는 것은 아닙니다. 때로는 오랜 시간을 기다려도 변화를 보지 못할 때도 있습니다. 그럼에도 분명하고 확고한 변화의 순간, 그 곁에 함께 있는 놀이치료사가 되고 싶은 마음을 안고 놀이치료실로 향합니다.

많은 사람들은 '놀이치료사'에 대해 들어보았지만, 어떤 일을 하는 직업인지, 어떻게 이 일을 시작할 수 있는지는 잘 모릅니다. 어떤 날은 아이를 통해 부모의 마음을 들여다보고, 어떤 날은 부모를 통해 아이의 마음을 알게 되는 놀이치료사라는 직업의 매력을, 놀이치료사의 세계를 조금 더 생생하게 알려드리고 싶습니다.

놀이치료사라는 직업이 궁금했던 분들, 진로에 대해 고민 중인 분들, 혹은 아이와 마음을 나누는 길을 고민하는 분들에게 이 글이 작은 길잡이가 되기를 바랍니다.

1

어떻게 놀이치료사가 되었을까요?

-내 삶의 우연이 직업이 되는 순간-

선생님은 꿈이 뭐예요?

저는 어릴 때부터 하고 싶은 일도, 되고 싶은 것도 너무 많았습니다. 돌이켜 보면 호기심이 많은 것이 오히려 스스로에게 혼란을 주었다는 생각이 듭니다. 저는 중학교, 고등학교에서 실시했던 진로·적성 검사 결과에서도 큰 특징이 없었습니다. 어떤 진로를 선택해도 무난하게 해낼 수 있을 거라는 조언에, 무엇이든 해볼 만하다고 안일하게 생각해 왔습니다. 그러다 보니 구체적인 진로를 정하고 전력투구해야 했을 중·고등학교 시절에 갈피를 잡지 못하고 어영부영 시간을 보내 버렸습니다. 결국 저는 애매한 수능 시험 결과 점수에 맞춰 그저 그런 대학교에 진학했습니다.

대학교 1학년이 되어서도 저는 진로 고민 같은 건 없었어요. 대입을

끝낸 이후, 대학 생활 자체의 자유로움과 즐거움은 있었지만, 진로에 대한 고민은 여전히 부족했습니다.

1학년 1학기를 마치고, 여름방학부터 저는 동네 작은 학원에서 아르바이트를 시작했습니다. 초등학생들에게 일대일 개별 지도로 수업을 진행하는 학원이었습니다. 주 강사 선생님은 초등학생들이 매일매일 학습할 분량을 미리 표시해 두셨어요. 아르바이트생인 저의 주 업무는 시간표에 맞춰 등원하여 학습을 마치면, 1차 채점을 하는 일이었습니다. 이후 어려워하는 문제들의 2차 채점은 주 강사 선생님께서 지도해 주셨습니다. 저는 채점을 하며 자연스레 아이들과 많은 이야기를 하게 되었습니다.

아이들은 학교생활, 친구, 연애, 가족 이야기 등 다양한 이야기를 제게 들려 주었습니다. 당시 20대 초반이었던 저에게도 '그 사이 초등학교가 정말 많이 변했구나!' 싶은 생각을 하며 재미있게 들었습니다. 즐겁게 이야기를 듣는 저의 반응에 아이들은 더 신나서 이야기했고, 아르바이트생이었던 저의 이야기도 많이 궁금해했습니다. 이렇게 다 큰 어른이 남자 친구도 없다며, 저를 불쌍히 여겨 주었던 아이들도 있었습니다.

아이들과 마냥 즐거웠던 한두 달이 지나면서, 저는 몇 가지 눈에 띄는 점을 발견했습니다.

'이 아이는 왜 숙제를 매일 안 해 오지?'

'저 아이는 왜 눈을 안 마주치지?!'

시간이 지날수록, 아이들의 '문제집'보다 '마음'이 더 눈에 띄기 시작했습니다. 가만히 지켜보니 숙제를 해오는 아이는 늘 해 오고, 안 해 오는 아이는 늘 안 해 왔습니다. 놀라웠던 점은 주 강사 선생님께서 부모님께 연락해도 큰 변화는 없었다는 겁니다. 그중에는 늘 같은 옷만 입고 오는 아이도 있었고, 아이들에게는 비밀이었지만 학원비를 몇 달씩 밀리는 아이도 있었어요. 저는 아이들이 학원에 왔을 때, 더 신경 써 주어야겠다고 마음을 먹었습니다. 처음에는 그저 방학 중 아르바이트를 하며 학원에서 잠깐 만나는 아이들이었는데, 점점 도움을 주고 싶은 마음이 커졌습니다.

어느 날 한 아이가 저에게 다가왔습니다. 늘 말수도 적고, 수업 중에도 조용히 지내던 초등학교 3학년 아이였어요. 갑자기 저에게 궁금한 것이 있다며 물었습니다.

"선생님은 꿈이 뭐예요?"

아이의 질문이, 저를 깊은 고민에 빠지게 했습니다. 저는 그 질문에 바로 대답하지 못했거든요. 아이도 궁금해하던 저의 꿈을, 정작 저는 한 번도 제대로 생각해 보지 않았던 겁니다. 부끄러웠습니다. 제 삶에 대해 진로에 대해 아직 밑그림을 그리지 못했다는 것을 아이에게 들킨 기분이었습니다. 아이에게는 대충 얼버무리며 아직 찾고 있다고 대답했고, 저는 그 질문 이후, 저의 미래와 진로에 대해 깊이 고민하게 되었습니다.

자꾸만 물건을 잃어버리는 아이,
친구들과 자꾸 싸우는 아이,
정해진 양보다 훨씬 더 많은 숙제를 해 오는 아이,
시험을 망쳤다고 엎드려 울던 아이.

그런 아이들의 얼굴을 떠올리며, 저는 처음으로 '상담'이라는 것에 대해 검색해 봤어요. 이어 '아동, 청소년 상담', '심리학', '놀이치료' 그런 단어들도 자연스레 떠올랐습니다. 어쩌면, 제가 하고 싶은 일이 이 길 위에 있을 수도 있겠다는 어렴풋한 느낌도 들었습니다. 그 여름방학 아르바이트가 그렇게 재미있을 수가 없었습니다. 아이들과 지내는 시간이 좋아, 저는 그 이후 방학마다 아르바이트를 이어갔고, 대학 졸업 후에는 강사로 일하게 되었습니다. 이전까지는 모든 것이 우연이었지만, 그 순간부터는 조금씩 의도를 가진 선택을 하게 되었습니다.

스물일곱, 굳이 대학원을 갔습니다

'아이들에게 도움이 되는 사람이 되려면, 내가 무엇을 공부해야 하지?'

스물일곱, 누군가는 결혼을 생각할 나이라고 했고, 누군가는 "왜 굳이 이제 와서?"라고 묻기도 했습니다. 하지만 저는 도전하고 싶었습니다. 아이들을 이해하고, 도와줄 수 있는 어른이 되고 싶었고, 그러기 위해서는 전문적인 공부가 필요하다고 생각했거든요. 그리고 이제야 제가 정말 하고 싶은 일을 찾았다고 느껴졌습니다. 밑도 끝도 없이 잘할 수 있을 것 같다는 자신감마저 들었습니다.

알아볼수록 아동, 청소년 상담, 심리상담, 사회복지 분야는 생각보다 폭넓었고, 그만큼 학교와 학과, 전공도 다양했습니다. 선택지가 넓어지니 오히려 고민이 깊어졌습니다. 저는 고민 끝에, '일반대학원 기독교학과 상담 전공'이라는, 조금 특별한 길을 선택했습니다. 대상을 아동, 청소년으로 제한을 두지 않고, 인간을 문제나 성격이 아닌 '존재 자체'로 바라보는 기독교학과의 따스한 학문적 시선이 좋았습니다. 남들이 흔히 가지 않는 길이었지만, 그래서 더 제 생각은 명확하게 정리되었습니다.

그렇게 1년 가까이 전공 서적을 읽으며 입학을 준비했습니다. 가을이 되어 입학 원서를 쓰고 면접을 본 끝에, 대학원에 입학하게 되었습니다. 조금은 늦은 나이에 입학한 대학원 생활이 쉽지만은 않았어요. 저는 타

전공, 다른 학교 졸업생이어서, 함께 입학한 동기들보다 많은 보충 학점을 이수해야 했고, 동일 전공, 동일 학교 졸업생들과 비교했을 때 확실히 배움의 속도도 느렸습니다.

  이럴 때의 고전적인 해결 방법이 있습니다. 그냥 꾸준히 열심히 하는 겁니다. 저는 부족함을 느낀 순간부터 수업을 강의하는 교수님들의 이전 연구 논문들을 부지런히 찾아 읽었습니다. 교수님들의 강의 관련 도서들도 도서관에서 빌려보고 공부하며 부족함을 채우려고 노력했습니다. 대학원을 다니는 내내 학기 중, 방학 중 수업 조교로, 입시 조교와 근로 장학생으로도 일하면서 학비와 생활비도 스스로 마련했습니다. 저는 2학기가 되어서야 대학원 생활에 적응했다는 기분이 들었습니다. 몸은 힘들었지만, 저는 대학원을 다니며 참 행복했습니다.

'진짜 하고 싶은 일을 하면, 버티는 힘도 따라온다.'
'열심히 하면, 좋은 인연도 만나게 된다.'

  이 말들은 힘든 시간을 견디게 하는 저에게는 마법과도 같은 말이었습니다. 거짓말처럼 진짜 하고 싶었던 공부를 하다 보니, 힘든 줄도 몰랐어요. 한참이나 어린 동생들과 공부하고, 입시 조교를 하느라 새벽에 일어나 학교에 갈 때도 그저 좋았습니다. 학교 앞 언덕과 계단을 오를 때면 숨이 턱까지 차오를 만큼 힘들었다가도 학교 건물 앞에 서면, 없던 힘도 솟아나는 것 같았습니다. 그 정도로 저는 학교가 좋았고, 학교에 가는 날이면 신이 났습니다.

대학원에서 저는 인생에 선물 같은 언니들을 만났습니다. 언니들은 학교 선배들로 저의 학교생활을 물심양면으로 도와주었습니다. 어느 도서관에 가야 전공 서적들이 많은지, 어떻게 신청하면 가까운 도서관에서 책을 편하게 빌릴 수 있는지, 학교 앞에는 어느 밥집이 맛있는지 등등 학교생활에 필요한 모든 것들을 아낌없이 알려 주었습니다.

언니들과는 방학 때 전공 서적 스터디 모임도 함께 했습니다. 학교 안의 학습실을 예약하고, 교수님께 추천받은 전공 서적들을 읽으며 스스로 공부했습니다. 그 모습을 기특하게 보셨던 한 전공 교수님께서는 다음 학기에 학부 그룹 수업의 보조 리더로 참여해 보라고 권해 주셨습니다. 보조 리더 교육을 위해 교수님은 무려 여섯 번이나 저희 스터디 모임을 개별 지도해 주셨습니다. 교수님과 함께 수업을 준비하고 학생들을 지도해 본 경험은, 저에게 정말 특별하고 값진 시간이었습니다. 그 경험 덕분인지, 이후 다른 교수님들도 수업 조교를 맡길 때 저를 자연스럽게 추천해 주셨습니다.

'열심히 하면 인정도 받고, 은인도 만나고 길도 열리는구나.' 하는 것이 느껴져서 기분이 날아갈 것 같은 나날들이었습니다.

놀이치료사를 꿈꾸다

대학원 생활이 1년쯤 지나던 어느 날이었습니다. 언니들과 함께 매주 책을 읽고 토론하는 스터디 모임 중이었습니다. 그날의 주제는 주로 '인간, 상담, 그리고 삶'이었어요.

가장 높은 학기의 언니가 질문을 꺼냈습니다.

"상담에도 다양한 기법과 종류가 있어. 오늘은 우리가 어떤 대상에게 어떤 매체로 상담하고 싶은지 한번 고민해 보자."

저는 질문을 듣고 처음에 많이 당황했습니다. 상담의 다양한 기법과 종류에 대해 배워가는 중이었고, 제가 어떤 분야를 해야겠다는 생각과 고민을 아직 깊이 해보지 못했거든요. 당황하던 저와는 다르게 선배 언니들은 하나둘씩 자신이 관심 있어 하는 분야에 대해 술술 이야기하기 시작했습니다.

"나는 노인 상담을 하고 싶어. 어르신들이 들려주는 이야기를 듣고 있으면, 마음이 따뜻해져. 공감과 경청이 저절로 되는 기분이야."

"나는 알코올 중독 상담. 반복되는 고통에서 벗어날 수 있도록 돕는 사회 적응 프로그램을 개발해 보고 싶어."

언니들의 얘기들을 들으면서, 제 마음도 또렷해졌습니다.

맨 처음 대학원 진학을 결심했던 순간이 떠오르는 것 같았습니다. 학원에서 만나던 그 아이들에게 도움을 주고 싶다는 그 마음도 함께였습니다.

"저는, 아동, 청소년 놀이치료요."

저는 그 말을 하고는 왠지 모르게 가슴이 두근거렸습니다. 아이들이 정말 좋았거든요. 행복도 슬픔도 감출 수 없는 그 눈망울과 순수한 에너지가 뿜어져 나오는 기운, 말로 설명할 수 없지만, 그냥 그 존재만으로 사랑스럽고 귀여웠습니다. 그런 아이들 곁에서 오래 일하고 싶었습니다.

제가 생각하는 놀이치료의 가장 큰 매력은, 말로 표현하지 못하는 아이의 마음을 '놀이'로 들여다볼 수 있는 것으로 생각합니다. 어떤 아이는 말을 많이 해도, 정작 마음은 담은 말을 하지 못합니다. 주변 사람들이 보기에는 아이가 말이 많다고 느낄 수 있지만, 아이는 마음을 나누는 대화를 하지 못해 외로울 수 있습니다. 또 어떤 아이는 말 대신 블록을 부수고, 인형을 던지면서 자신의 감정을 표현하기도 합니다. 그럴 때면, 아이의 마음에 무엇이 쌓여있을까, 아이는 무슨 말이 하고 싶을까 더 들여다보게 됩니다.

놀이치료는 아이의 그런 표현 뒤에 숨어 있는 마음을 조심스럽게 읽고, 해석하고, 곁에 있어 주는 치료입니다. 놀이치료실에는 그래서 기다림, 공감, 진짜 만남의 힘이 있습니다. 돌아보면, 그때의 저는 놀이치료에 대한 정보가 많았던 것은 아니었습니다.
'아이들과 함께라면 좋을 것 같아' 그 마음 하나가 제일 컸습니다.

놀이치료를 공부하고 싶은 마음은 한편에 둔 채, 대학원 수업을 이수하고 졸업하는 데에 우선 집중했습니다. 저에게는 대학원 졸업을 위해 통과해야 할 전공 시험, 부전공 시험, 영어시험, 논문 심사 등이 남아 있었습니다.

모든 과정을 통과하고 대학원 졸업을 앞둔 시점이 다가오자, 현실적인 고민이 하나둘 눈에 들어오기 시작했습니다. 저는 기독교학과를 다녔기 때문에, 기독교 상담 공부와 자격증 과정은 대학원에서 자연스럽게 채울 수 있었습니다. 하지만, 놀이치료는 별도의 학회 수련 과정이 필요했습니다. 그 과정은 2년 남짓한 시간이 걸릴 뿐만 아니라 수련비용도 만만치 않았습니다. 스물일곱, 대학원을 진학했을 때부터 이미 늦은 나이였던 저는 눈앞의 현실을 외면하기 어려웠습니다. 2년여의 대학원 생활하며 약간 지치기도 했지만, 학교에 다니는 동안 정말 행복했습니다. 다만 가끔은 또래보다 인생이 늦어지고 있다는 조급함이 마음 한편을 스쳤습니다. 고민 끝에 저는 먼저 취업해서 현장으로 나가기로 결심했습니다.

여러 곳에 지원서를 넣었고, 운이 좋게도 첫 면접을 보았던, 정부에서 운영하는 청소년 상담 기관에 합격했습니다. 출근 첫날부터 다양한 현장 경험을 쌓을 수 있는 곳이었어요. 지금 돌아보면, 참 잘한 선택이었다고 생각합니다. 그곳에서 일하며 저는 대학원에서 배운 상담 이론을 실제 상황에서 적용해 볼 수 있었고, 다양한 청소년 정책과 청소년 사업, 상담사례들을 접하면서 청소년에 대해 더 입체적으로 경험할 수 있었습니다. 낮은 처우와 과한 업무로 인해 늘 인력난에 시달리는 곳이었기 때문에, 제가 오랜 기간 안정적으로 일하면서 자연스레 다양한 것을 스스로 해 볼 기회를 얻기도 했습니다.

취업을 하고 6개월 정도 지났을 무렵이었어요. 현재 생활에 대한 만족도는 높았지만, 놀이치료에 대한 마음이 여전히 남아 있었습니다. 그래서 학회 수련 과정을 자세히 알아보았고, 일과 병행할 수 있겠다고 판단했습니다. 저는 일을 하면서 '한국모래놀이치료학회'의 수련을 시작했습니다. 기초교육부터 이론, 실습, 사례연구, 분석, 슈퍼비전까지. 아이들 마음의 세계로 들어가는 길을 천천히 배웠습니다.

그리고 그 과정에서 더 깊이 배우며 그저 아이들을 좋아하는 마음만으로는 부족하다는 것을 여실히 깨달았습니다. 아이들에게 정말 필요한 도움을 주려면, 좋아하는 마음 위에 특별하고 탁월한 전문성이 더해져야 그 마음도 빛나게 전달할 수 있더라고요.

수련 과정에서, 저는 놀라운 일을 경험했습니다. 아이들은 겉으로 내색하지 않았던 숨겨진 감정들을 놀이 안에서 저에게 보여 주었습니다. 그 순간 저는 아이들과 제가 하나로 연결되는 기분을 느꼈어요. 아이에게 제가 든든한 심리적 울타리가 되어 주는 경험은 감동적이었습니다. 그렇게 저는 놀이치료의 매력에 더 깊이 빠져들었습니다.

놀이치료사 준비운동

-전문가가 되기 위해, 필요한 첫걸음-

놀이치료사가 되는 과정

학부 과정	• 아동학, 심리학, 교육학, 사회복지학 등 심리와 아동, 청소년, 발달에 관련된 학부 졸업
대학원 과정	• 심리, 아동, 청소년, 발달 관련 전공 ※ 놀이치료사는 대부분 대학원 석사 졸업 이상의 학력 소지하며, 학부 전공이 관련이 아니더라도 대학원 진학할 수 있음(학교별 입시요강 확인 필수)

놀이치료사 자격증	• 한국 놀이치료 학회 놀이치료사 자격증
	• 한국 모래놀이 치료학회 모래놀이 치료사 자격증 등
	  - 각 학회가 가지고 있는 자체 기준에 따라 수련, 심사 후 놀이치료사 자격증을 부여함
	• 각 학회 기준에 따라 다르지만, 보통은 다음과 같은 요건이 필요
	  - 석사 이상의 학력, 관련 과목 이수 확인, 학회가 정해둔 일정 시간 이상의 치료 실습과 사례 슈퍼비전, 공개 사례 발표, 자격시험, 최종 심사(논문 혹은 사례보고서), 최종 면접 등
	※ 놀이치료사 국가자격증은 없음

그 외에 도움이 되는 자격증	• 보건복지부 인증 발달 재활 인력 놀이치료사(보건복지부에서 운영하는 바우처 사업을 진행할 수 있는 놀이치료사 인증으로 인증을 받지 못하면 사업에 참여할 수 없음) • 청소년 상담사(국가자격증 1, 2, 3급) • 임상심리사(국가자격증 1, 2급) • 사회복지사, 미술치료사, 음악치료사 등 • 부모 상담을 위한 부부상담사, 가족상담사 자격도 유용함

놀이치료사가 일하는 곳

놀이치료사가 일하는 곳은 생각보다 다양합니다. 크게 나누어도 5가지 유형으로 분류할 수 있는데요. 각각의 장단점이 뚜렷하기에, 본인의 경력 수준과 가치관에 맞는 선택을 위해 미리 파악해 두는 것이 좋습니다.

• 종합사회복지관

많은 초보 놀이치료사가 가장 먼저 일하게 되는 곳은 바로 종합사회복지관입니다. 일종의 '치료 분야의 신입 사관학교' 같은 곳입니다.

놀이치료뿐만 아니라 언어치료, 인지치료, 음악치료 등 다양한 치료 영역과 프로그램을 접할 수 있어 초보자에게는 실무 경험을 쌓기 좋은 환경이라 할 수 있습니다. 다양한 사례를 통해 성장할 기회를 얻을 수 있지만, 다른 곳에 비해 급여는 매우 낮은 편입니다.

• 아동발달센터

아동발달센터에서 일하게 되면 주로 자폐스펙트럼 장애, 언어 발달지연, 전반적 발달지연을 보이는 아동을 많이 만날 수 있습니다. 대부분의 아동발달센터에서는 보건복지부 바우처 사업을 운영하고 있어요. 그래서 다양한 아동을 비교적 안정적으로, 장기간 만날 수 있다는 장점이 있습니다.

한 아동이 여러 치료를 병행하는 경우가 많아서 치료사 간 협업이 중요합니다. 여러 치료가 한 센터에서 이루어지기도 하지만, 여러 센터를 이용하는 아동도 많습니다. 치료의 방향과 목표에 대해서는 치료사 간의 긴밀한 협의가 필요합니다. 아동발달센터를 이용하는 주 대상은 발달지연 아동이지만, 간혹 정서적 어려움을 호소하는 아동도 찾아옵니다. 정서적 어려움을 호소하는 아동의 경우는 비교적 단기간에 마무리되는 편입니다.

장기간 센터를 이용하는 아동들은 생활 속 루틴처럼 오고 가는 경우가 많아, 치료의 구조화를 주기적으로 점검해 주는 것이 중요합니다. 참고로 바우처 사업은 매년 의무, 보수교육과 평가 및 점검으로 행정 서류 작업이 많은 편입니다.

• 공공기관

청소년상담복지센터, 청소년수련관, 청소년문화의집, 육아종합지원센터, 건강가정지원센터, 아이존 등 정부 예산으로 운영되는 기관에서도 놀이치료나 미술치료, 음악치료 등의 치료 사업, 프로그램을 진행합니다.

이런 기관들은 대체로 치료실 환경을 잘 세팅해 주는 편입니다. 아무래도 치료비로 수익을 내는 곳이 아니다 보니 종결에 대한 부담도 덜 합니다. 하지만, 예산으로 운영되는 기관이다 보니 급여가 낮은 경우가 많습니다. 기관 행사나 사업 참여 등 부가적인 업무가 있을 수 있다는 점도 고려해야 합니다.

- **병원 치료실(소아, 청소년 정신건강의학과 소속 치료센터, 병원 부설 발달센터)**

최근 몇 년 사이 병원 부설 발달센터가 눈에 띄게 늘었습니다. 예전에는 소아, 청소년 정신건강의학과에 소속된 치료센터가 주를 이뤘는데요. 요즘은 소아청소년과, 한의원 등 실비보험이 적용되는 다양한 병원에 부설로 설치된 발달센터들을 볼 수 있습니다.

소아, 청소년 정신건강의학과 치료실의 큰 장점은 '객관적인 검사와 진단을 바탕으로 치료를 시작할 수 있다'라는 점입니다. 전문의의 진료에 따라 검사, 진단, 약물치료 등이 병행되면서 아동의 상태를 더욱 정확하게 파악할 수 있고, 이에 따라 치료사가 느끼는 안정감도 높아질 수 있습니다. 소아, 청소년 정신건강의학과 치료실에 대한 선입견이 있는 분들도 있지만, 약물치료와 진료를 통해 꾸준히 관리받는 아동들의 치료 경과가 더 좋았다는 치료사들의 근무 경험 후기도 많았습니다.

그 외에 소아청소년과나 한의원 부설 발달센터는, 해당 병원 과목의 진료 범위에 맞는 아동이 주로 이용하며, 실비보험이 적용되는 나이까지 다니는 경우가 많습니다. 급여는 비교적 높은 편이지만, 경력자를 선호하는 경우가 많고, 사례 관리와 부모 상담의 난도가 높은 편입니다. 또한, 실비보험 청구를 위한 서류 작업도 자주 필요합니다.

- **집으로 찾아가는 놀이치료와 온라인 놀이치료**

놀이치료가 꼭 치료실에서만 이루어지는 것은 아닙니다. 코로나19 이후, 최근에는 집으로 찾아가는 놀이치료와 온라인 놀이치료가 활발해지고 있어요.

집으로 찾아가는 놀이치료는 여러 상황으로 이동이 어렵거나, 익숙한 공간에서 더 안정감을 느끼는 아이와 부모님이 선호합니다. 집으로 찾아가는 놀이치료는 놀이치료사가 장난감과 교구를 챙겨 직접 아이의 집을 방문해서 진행합니다. 많은 교구를 가지고 이동해야 해서 자가용은 거의 필수입니다. 아이의 생활환경을 직접 관찰하며 놀이와 행동을 더 깊이 이해할 수 있다는 장점이 있습니다. 다만, 집이라는 공간이 주는 느슨함과 여유로움 때문에 치료적 구조화가 어렵거나, 보호자의 과도한 개입으로 방해가 되는 일도 있어, 사전 조율을 통한 구조화가 중요합니다.

온라인 놀이치료는 화상 플랫폼을 이용해 진행되며, 놀이치료보다는 놀이와 양육 코칭에 가까운 경우가 많습니다. 코로나19 이후로 시도가 늘었고, 최근에는 온라인 집단 놀이치료도 시도되고 있습니다. 장난감의 제약, 인터넷 환경, 집중력 문제 등이 한계점으로 작용하지만, 앞으로 더 발전이 기대되는 분야이기도 합니다.

놀이치료사가 일할 수 있는 곳들의 특징을 살펴보았는데요. 내가 가장 중요하게 생각하는 가치에 따라 그 선택지는 달라질 수 있습니다. 물론 그것은 각자의 성향과 경력에 따라 변화할 수 있습니다.

놀이치료사와 함께 일하는 전문가들

놀이치료사는 아이의 마음을 다루는 전문가이지만, 혼자서 일하지는 않습니다. 한 아이를 중심으로 다양한 분야의 전문가들이 연결되어 있습니다. 때로는 같은 치료실에서, 때로는 서로 다른 기관에서, 같은 아이를 떠올리며 마음을 모읍니다. 함께 한 아이를 위해 고민하고, 조율하고, 논의하며 나아갑니다. 놀이치료사와 함께 일하는 전문가들은, 결국 하나의 목표, '아이의 건강한 발달과 성장'을 향해 함께 걷는 사람들입니다.

- **소아, 청소년 정신건강의학과 전문의**

아이의 상태가 치료 초기부터 발달적인 확인이 필요하거나, 기분 장애나 주의력 문제, 감각 조절, 감정 문제가 명확해 보일 때 정신과 진료를 추천합니다.

치료실에 오는 부모님들이 "우리 아이가 자폐인가요?", "ADHD는 아니겠죠?"라고 질문을 하기도 합니다. 하지만 진단과 약물 처방에 관한 판단은 철저히 의사의 몫입니다.

종종 약물 치료에 거부감을 보이는 부모님들도 있습니다. 의사의 처방에도 일방적으로 약물 치료를 거부하거나 중단하기도 합니다. 하지만, 좋은 의사를 만나 약물 치료 과정을 함께 경험하면, 부모님의 마음이 달라지는 경우도 보았습니다. 놀이치료사는 의사의 진단과 약물 처방, 치료 방향을 바탕으로, 아이의 정서적 반응을 더 세심히 관찰하고, 필요한 정보를 공유합니다.

· 임상심리사

놀이치료사가 놀이를 통해 행동과 감정을 다룬다면, 임상심리사는 심리검사라는 도구를 통해 마음의 구조를 수치화해서 구체적으로 보여 주는 역할을 합니다. 지능, 정서, 성격, 부모의 양육 태도까지, 놀이치료사가 막연히 느끼던 '감'이 심리검사를 통해 수치로 구체화 되기도 합니다.

검사 결과를 함께 읽고, 해석을 공유하여, 앞으로의 치료 방향에 대해서도 부모에게 설명할 수 있습니다. 검사 결과보고서는 치료 방향을 알려 주는 한 장의 지도와도 같습니다.

· 언어, 감각, 운동, 인지발달을 함께 채우는 치료사들

언어치료사, 작업치료사, 감각통합치료사, 인지학습치료사는 아이의 발달을 보다 구체적이고 세부적으로 지원합니다. 말을 더듬거나 목소리를 내지 않는 아이, 몸 감각의 긴장도와 예민도가 높은 아이, 대근육, 소근육 발달이 느린 아이들은 언어, 정서, 감각, 신체 발달을 여러모로 접근하며 치료해야 하는 경우가 많습니다.

그러한 접근을 통해, 때로는 놀이 안에서 나타나는 느리거나 폭발적

인 행동들이 언어 표현이 어려운 좌절이나 감각 과민에서 비롯된 것임을 알게 됩니다. 그래서 서로의 치료 계획을 공유하고, 아이의 반응도 나누며, 같은 치료 방향을 바라보기 위해 힘을 모읍니다.

• **현장의 눈이 되어 주는 선생님들**

어린이집 교사, 유치원 교사, 초등학교 교사, 특수교사는 아이를 하루 중 가장 오래 지켜보는 전문가들입니다. 담임 교사에게 받은 '행동 관찰 일지' 한 장이, 때로는 부모가 알려 주지 않았던 중요한 단서를 알려 주기도 합니다. 부모가 아닌 담임 교사의 시각으로, 집이 아닌 사회적 환경에서 아이를 바라보고 점검하는 것은 치료의 효과를 가늠하는 데도 매우 중요합니다. 담임 교사와의 협력은 단순한 정보 교환이 아니라, 아이의 성장과 발달을 위해 꼭 필요한 과정입니다.

• **그 외의 연결되는 전문가들**

위기 청소년을 담당하는 청소년지도사, 청소년상담사, 사회복지 지원을 함께 고민하는 사회복지사, 사례 관리자, 정신건강전문요원 등 보이지 않는 곳에서 아이를 위해 일하는 전문가들이 많습니다. 이들의 모든 손길 하나하나가 모여 아이들이 성장을 돕고 있습니다.

3

놀이치료사는 놀아 주기만 하는 게 아니다

-아이와 부모를 온전히 이해하기 위한 여정-

아이의 세계를 이해한다는 것

놀이치료사로 일하며 저는 점점 더 큰 '그림자' 하나를 마주하게 되었습니다. 그것은 다름 아닌, 아이를 둘러싼 환경이었고, 그 중심에는 부모가 있었습니다. 처음 놀이치료를 시작했을 때 저는, 아이의 정서와 행동에만 집중했어요. 그런데 아이들이 말하지 않는 신호, 표정과 놀이, 몸짓 하나하나가 보이기 시작했습니다. 말로 다할 수 없는 사연들이 그 작은 손끝과 맑은 눈동자에 담겨 있습니다.

'이 아이에게 무슨 일이 있었던 걸까?'
'이 감정의 파동은 어디서부터 시작된 걸까?'

그 질문을 품고 지켜보다 보면, 결국 아이의 곁을 둘러싼 어른들, 부모님의 이야기와 마주하게 되었습니다. 안전한 울타리가 되어 줄 수 없는 부모 곁에서 아이들은 행복할 수 없었어요. 저는 언제나 그런 아이들의 편이 되고 싶었습니다. 놀이 속에서라도, 아이들이 안전한 울타리를 경험하게 해 주고 싶었어요.

어린아이들은 어른과 동등한 존재가 아닙니다. 주변 환경과 어른들, 부모님들에게 너무나도 많은 영향을 받으면서도, 그 영향에 대해 요구하고 선택할 권리는 아직 없는 존재입니다. 그래서 저는 부모 상담을 하며 아이와 부모의 관계를 종종 이런 비유로 설명했습니다.

"아이의 인생은 작은 배와 같습니다. 그 배는 부모라는 어항 안에 떠 있어요. 이 어항에 물도 가득하고, 햇빛도 들고, 수초도 흔들리고, 물고기도 살고 있다면, 아이는 언젠가 자신만의 배를 타고 노를 저어 바다로 나아갈 수 있습니다. 하지만 어항에 물이 없다면, 아무리 노를 저어도 나아갈 수 없어요. 때때로 어항 전체가 흔들리거나, 어항이 깨져 버리기도 해요. 부모의 삶에도 시련이 찾아오니까요. 하지만 부모의 삶이 흔들리거나 휘청거리면, 그 여파는 아이들에게 그대로 전해집니다."

어항 이야기를 해드리면, 부모님들도 깊은 생각에 잠겨 고민합니다. '내 아이의 어항은 지금 어떤 상태일까?' 하고요. 부모님이 아이들을 힘들게 하고 있다는 말을 굳이 직접 하지 않아도, 아이들은 이미 놀이로 표현하고 있었습니다. 저는 그것을 잘 전달하고 싶었습니다. 아이들의 치유와 변화는, 결국 아이를 둘러싼 환경과 부모가 함께할 때 완성됩니다. 아이들과 부모님을 함께 바라보는 일, 놀이치료사로서 발견한 첫 단추였습니다. 저는 아이들에게는 따뜻하고 끈기 있는 치료사가 되고 싶었습니다. 그래서 부모님들에게는 종종 단호하고, 때로는 전투적인 치료사로 보였던 것 같습니다. 회기가 거듭될수록 깊은 아이들의 상처가 드러났고 아무런 노력을 하지 않는 부모님들을 볼 때 제 마음속에서는 감정이 끓어올랐습니다.

'왜 아이 앞에서 자꾸 싸우는 걸까?'
'왜 불안을 호소하는 아이의 이야기를 들어 주지 않을까?'
'왜 자신의 어린 시절을 기준 삼아, 아이를 비교하고 다그칠까?'

아이들의 얼굴을 떠올리면 그 질문들이 가시처럼 제 마음을 찔렀습니다. 상담이 끝나고도, 빈 치료실에 한참을 멍하니 앉아 있던 날도 많았습니다.
그리고 다음 회기가 시작되면, 저는 더 아이들을 마음으로 끌어안았습니다. 부모님의 마음은 좀처럼 이해할 수 없었습니다.

"이 아이는 아주 예민한 아이입니다. 더 섬세한 돌봄이 필요해요."
"그런 비일관적인 태도로는 훈육의 효과를 기대하기 어렵습니다."
"부모님의 정서가 먼저 안정되어야, 아이도 편안함을 느낍니다."

최대한 전문가답게 조심스럽게 전달하려고 애썼지만, 가끔은 그런 노력도 '지적과 비판'으로만 듣는 분들이 있었습니다. 고개를 끄덕이던 부모님들도 있었지만, 눈빛이 흔들리는 분들도 있었고, 간혹 어떤 분들은 불편한 감정을 표현했어요.

"선생님, 아이 낳아 보셨어요?"
"양육이 얼마나 힘든 일인지 아시나요?"

그런 말들을 들을 때마다 저는 부모님들이 아이에 대한 책임을 회피하려고 치료사를 공격한다고 여겼습니다. 실제로 끝까지 인정하지 않는 부모님들도 있었거든요. 하지만 지금 돌아보면, 그것은 저의 큰 오만이었습니다. 그 시절의 저는 '부모를 이해하고 있다.'라고 믿었습니다. 발달 이론, 애착 유형, 양육 태도, 부모 상담, 교육 자료 등 책과 사례를 열심히 공부했으니까요. 저는 스스로 '전문가'라고 생각하기도 했습니다.
하지만 지금은 알고 있습니다. 그 지식은 '이해'의 출발선일 뿐, '이해'를 넘어 '공감'으로 가는 길은 훨씬 복잡하고 어렵다는 것을요. 사실은 부모님도 어린 시절 저마다의 상처를 안고 성장했고, 그들 역시 위태로운 어항 속에서 생존을 위해 애써 노를 젓고 있었다는 것을, 저는 시간이 지나고 깨달았습니다. 우리 모두 이번 생이 처음이니까요.

부모님도 아이들도 조금 서툴러도 서로에게 큰 힘이 되는 존재로 함께 버텨 주는 것이 가장 중요하다는 것을, 저는 이제 알고 있습니다.

엄마가 되고 마주한 내 모습

자신만만하고 전투적이었던 저는 '엄마'가 되며, 그 모든 배움이 물거품이 되는 것을 체험했습니다. 출산 직후의 저는, 아이가 울면 함께 무너졌습니다. 이 작고 소중한 생명체를 돌보는 일이 이렇게 고되고 고립되는 일인 줄 경험하기 전에는 미처 몰랐습니다.

아이는 자신이 지구에 도착한 줄도 모르고, 여전히 뱃속에 있을 때처럼, 먹고 싶을 때 먹고 자고 싶을 때 자며 살아가고 싶어 했습니다. 덕분에 저는 하루 종일 수유 간격, 아이의 체온, 습도, 목욕물의 온도, 이유식과 기저귀에 온 신경을 써야 했어요. 책으로는 알 수 없었던, 몸과 마음으로 경험하며 배워가던 시간이었습니다. 아이의 컨디션에 따라 하루가 좌우됐고, 아이의 작은 아픔에도 모든 계획이 멈췄습니다.

아이가 아플 때면, 초보 엄마였던 제 마음은 함께 타들어 갔습니다. '엄마의 어항 안에 사는 아이', 엄마가 흔들리면 아이도 흔들린다는 이야기들은 매일 제 어깨를 짓누르고 있었습니다. 어떤 날은 아이를 보고만 있어도 눈물이 쏟아지기도 했습니다. 앞으로 험한 세상을 이 아이와 어떻게 살아가야 할까, 막막하고 두려웠습니다.

그러던 어느 날, 문득 예전 치료실에서의 제 모습이 떠올랐습니다. 치료실 책상에 앉아 냉정하게 조언하고 있는 장면이었어요. 저의 단호한 얼굴과 이야기 앞에서 당혹스러워하던 부모님들의 표정, 작아진 어깨가 유독 눈에 들어왔습니다. 그리고 마음 한구석이 뜨겁게 녹아내렸습니다.

'내가 정말 용감하게 떠들었구나.'

아이를 낳기 전의 저는, 아이의 눈으로만 세상을 보았습니다. 아이의 마음에는 집중했지만, 부모의 마음은 보지 못했습니다. 이제는 부모의 마음 뒤에 감춰진 그 애씀과 불안도 볼 수 있게 되었습니다.

복직한 뒤 치료실에서 만나게 된 한 엄마는 걱정이 가득한 얼굴로 문을 열고 들어왔습니다. 다섯 살 아이를 키우는 엄마였어요.

"말이 느리고, 자꾸 울고 짜증을 내요."

담담한 말투였지만, 그 말끝에는 불안이 서려 있었습니다. 예전 같으면 저는 아이의 놀이를 분석하고, 부모의 양육 태도를 점검해서 조언과 정보를 전달했을 겁니다.

그때 엄마가 조심스럽게 말을 꺼냈습니다.

"제가 말수가 적어서 그런 것 같아요."

그 순간 저는, 저의 대답을 기다리는 엄마의 꼭 마주 잡은 두 손이 보였습니다. 초조함이 배어 있는 눈빛, 조용히 대답을 기다리는 얼굴, 괜찮다고 다독이거나 현실적인 조언을 시작하는 대신, 그 마음을 먼저 읽어드리기로 했습니다.

"어머니, 정말 속상하시죠. 아이도 엄마에게 하고 싶은 이야기가 많을 거예요."

엄마가 되어보지 않았다면, 그 고민의 무게를 알지 못했을지도 모릅니다. 말이 느린 아이를 재워 두고, 매일 밤 검색하다 지쳐 잠들고, 아침이면 불안한 하루를 다시 시작하는 삶. 모든 것을 엄마 탓으로 돌리며 자책하는 마음. 비합리적으로 보일 수도 있지만, 엄마로서는 가장 익숙한 방법이라는 것을, 이제 경험으로 알게 되었습니다. 아이들이 얼마나 부모의 큰 사랑을 받으며 자라는지, 아이들이 스스로 회복하고 성장하는 힘이 얼마나 큰지 알게 되면서, 저는 더 믿고 기다릴 수 있었습니다.

그렇게 저는 조금 느슨한 치료사가 되었습니다. 아이의 편에 서되, 부모를 밀어붙이지 않는 치료사, 함께 흐름을 만들며 변화를 기다릴 줄 아는 치료사. 놀이치료사는 아이의 상처를 돌보는 사람이기도 하지만, 부모가 자책하지 않고 아이에게 다시 든든한 어항이 될 수 있도록 돕는 사람이라는 것을, 이제 꼭 기억하려고 합니다.

출산과 육아를 경험한 이후, 저는 살아가며 만나는 모든 경험이 놀이치료사에게 큰 자산이 된다는 것을 알게 되었습니다. 앞으로도 삶에서 얻은 경험을 잘 소화 시켜, 더욱 성숙한 놀이치료사가 되고 싶습니다.

때로는 너무 위험한 아이들의 외로움

놀이치료를 시작하고, 7~8년쯤 흐른 어느 날이었습니다. 저는 한 학회에 참석하게 되었습니다. 그날의 발표 주제는 '앱을 통한 성폭력 피해 아동 사례'였어요. 마음을 단단히 먹고 들어간 자리였지만, 학회 내내 마음이 편치 않았습니다.

초등학교 고학년의 한 아이가 데이팅 앱을 통해 만난 성인 남성과 메시지를 주고받았고, 이후 실제로 만나 피해 본 사건이 발표되었어요. 다행히 가해자의 신원이 확인되었고, 법적 절차가 진행 중이라는 보고가 뒤따랐습니다. 여기까지는 다행이었고, 예측할 수 있는 흐름이었습니다. 그런데 이후 조사 과정에서 이 아이가 데이팅 앱을 통해 또 다른 성인 남성과 채팅하고 있다는 사실이 드러났습니다.

발표자는 물론 현장에서 아이를 돌보던 상담자들 모두 허탈감을 감추지 못했다고 했습니다. 발표를 듣고 있던 사람들 모두 마찬가지였어요. 모두가 이렇게 애쓰고 있는데, 왜 또 그런 선택을 했을까? 그 자리에 있던 우리의 공통된 질문이었습니다. '왜 그랬을까, 무섭지도 않은가, 도대체 무슨 마음으로…' 발표자에게 그 아이에 대한 설명을 더 들은 후, 저는 어떤 이해할 수밖에 없는 비밀 하나를 알게 된 것처럼 머리가 멍해졌습니다.

"아이는 외로웠던 겁니다."

학교에 다녀와도, 친구와 다투고 돌아와도, 주말 내내 하루 종일 방 안에 앉아 있어도, 가족 중 누구도 그 아이에게 따뜻한 말 한마디 걸어주지 않았다고 했습니다. 그런데 데이팅 앱 속 성인 남성들은 달랐던 거죠. "밥은 먹었니? 학교는 어땠어?"라는, 묻는 목적이 있었던 말 한마디에도 아이는 무언가 자신을 챙겨 준다는 느낌을 받았다고 했답니다.

물론 우리 모두 알고 있습니다. 그런 행동들은 아이를 위한 진심이 아니라는 것을요. 아이를 조종하려는 과정의 일부였고, 결국 또 다른 위험으로 아이를 끌어들이는 유인책, 도구에 불과했을 테니까요. 하지만 아이는 그 안에서 애정을 느끼고 있었습니다. 누군가 자신의 기분을 궁금해하고, 안부를 물어 주는 누군가가 있다는 사실이 아이에게는 큰 위로가 되었던 겁니다. 그래서 아이는 조사가 진행되는 중에도 다시 채팅을 시작했습니다. 누군가와 연결되는 그 순간에는 외롭지 않다고 느꼈으니까요. 아이는 단지 정신을 못 차린 것이 아니라, 누군가와 연결되고 싶었던 겁니다. 우리가 그걸 너무 늦게 알아차렸을 뿐이죠.

저는 이 사례를 들으며, 마음이 공허해지는 느낌마저 받았습니다. 아이의 위험한 행동 이면에 있는 것은 '충동'이나 '나쁜 마음'이 아니었습니다. 너무 오랜 시간 방치되어 자라난 외로움이었습니다. 그날 이후, 저는 '문제 행동'이라는 단어의 무게를 더욱 마음으로 느끼게 되었어요.

놀이치료에 온 아이가 거친 말을 쏟아 내거나, 학교에서 반에서 친구들에게 욕설했다거나, 온몸으로 화를 내고 있을 때, 저는 그 아이의 깊은 속마음에 대해 더 집중하게 되었습니다. 아이들의 비행과 일탈, 때로는 위험한 행동들조차도 결국은 사랑받고 싶은 마음의 반작용이라는 것을, 저는 그날 깊이 체감했습니다.

4

놀이치료사가 바라보는
놀이치료사의 미래는

-10년 뒤, 놀이치료사는 어떤 모습일까요?-

진짜 놀이치료 이야기

"선생님, 그냥 노는 건데 치료가 되나요?"

제가 현장에서 정말 자주 듣는 질문 중 하나입니다. 사실, 저도 처음 놀이치료에 대해 배울 때 같은 의문을 가졌습니다. 하지만 치료실에서 만난 아이들은 그 질문에 대한 해답을 제 눈앞에서 직접 보여 주었습니다.

한 아이는 치료실에 들어오자마자 큰 블록을 쌓았다가, 그대로 힘껏 무너뜨리기를 반복했습니다. 자신의 키만큼이나 높이 쌓았던 블록이 쓰러지는 모습을 보며 정말 즐거워했습니다. 겉으로 보기에는 단순한 놀이로 보였지만, 아이는 놀이를 통해 자신의 두려움과 분노를 표현했고, 오랜 시간에 걸쳐 그 감정을 조절하는 방법도 배워 나갔습니다.

또 다른 아이는 몇 회기 동안 장난감에는 눈길도 주지 않고, 의자에 앉아 저를 바라보기만 했습니다. 아무 말도, 아무 놀이도 하지 않았지만, 그 침묵 속에는 낯선 공간에서의 불안을 감당하기 힘든 마음이 숨겨져 있었습니다. 오랜 기다림 끝에 아이가 마침내 작은 인형을 바라보았을 때, 아이와 저만의 놀이가 시작되었습니다. 그것은 단순한 놀이가 아니라 자기 존재와 감정을 처음 표현한 순간이었고, 자신과 소통하는 새로운 존재를 허락한 순간이었습니다.

그렇다면, 놀이치료는 얼마나 진행할까요?

놀이치료를 진행하는 기간은 아이의 상태와 성격, 환경의 변화, 부모의 참여도 등 많은 요인에 따라 달라집니다. 한 아이도 같은 아이는 없으므로, 모두 다르다고 보는 것이 맞습니다.

어떤 아이는 6개월 만에도 좋아져 종결하기도 합니다. 어떤 아이는 1년 이상 천천히 진행되기도 합니다. 부모님들은 일상생활에서 보이는 문제가 사라지거나 아이의 생활 적응도가 높아지면, 종결을 원하기도 합니다. 하지만 놀이치료는 겉으로 드러난 문제만 다루는 게 아니라, 그 이면의 감정과 관계를 다룹니다. 그래서 안정적인 궤도에 진입했을 때, 조금 더 유지하며 진행하기를 권장합니다. 이 과정을 통해 아이와 부모님이 일상에서의 어려움을 스스로 직면하고, 해결해 나갈 힘을 얻을 수 있기 때문입니다.

놀이치료에서 '효과'라는 단어를 정의하기는 쉽지 않습니다. 놀이치료

안에서는 의미 있는 변화가 나타나더라도, 그것이 가정과 일상생활로 확장되려면 시간이 필요합니다. 아이는 놀이 속에서 조금씩 달라집니다. 문제가 완전히 사라지지 않더라도, 감정을 말로 표현하고, 치료사와 마음을 주고받는 경험을 합니다. 결국 놀이치료는 아이를 바꾸기 위한 치료가 아니라, 아이가 있는 그대로 수용 받음을 경험하고, 사회 안에서 건강하게 살아가는 과정을 돕는 시간입니다.

놀이치료의 효과는 저만의 경험담에 그치는 것이 아닙니다. 다양한 연구에서도 놀이치료를 받은 아동은 정서적 안정감이 높아지고, 또래와의 사회적 상호작용 능력이 개선되며, 부모와의 관계에서도 긍정적인 변화를 보이는 것으로 나타났습니다. 발달장애가 있는 아이들은 가만히, 혼자만의 세계로 여행을 떠나기도 하지만, 놀이 개입과 확장, 상호작용을 통해 함께 하는 놀이의 즐거움을 경험하기도 합니다.

그래서 저는 자신 있게 이야기할 수 있습니다. 놀이치료는 단순히 노는 것이 아니라, 아이의 내면을 치유하고 관계를 회복하는 시간입니다. 아이의 마음을 이해하고, 감정을 안전하게 표현하며, 존재 그 자체로 수용 받고 건강하게 성장하도록 돕는 치료적 과정입니다.

행복한 놀이치료사

어릴 때의 장난감은 놀잇감이었지만, 놀이치료사가 되고 보니 그것은 아이의 마음을 꺼내게 하는 중요한 도구였어요. 말보다 더 정직하고, 더 깊은 마음이 통하는, 가끔은 꼭꼭 숨겨 두었던 마음도 기억도 알아차리게 하는 언어, 놀이치료에서 놀이는 그런 의미였습니다.

그동안 저는 '아이들이 예쁘고, 놀이치료가 하고 싶다'라는 마음 하나로 여기까지 왔다고 생각했습니다. 그런데 돌이켜 보니, 제가 '놀이치료'를 선택하게 된 이유에는 아주 오래된 기억 하나가 숨어 있었습니다.

저는 두 남매 중 첫째입니다. 아래로 세 살 터울의 남동생이 있어요. 어린 시절 저의 기억 속에 엄마는 동생을 돌보느라 늘 바빴습니다. 엄마의 품은 늘 남동생 차지였어요. 그 때문에 장난감은 저에게 단순한 놀이 도구가 아니라, 소중한 친구처럼 마음을 담을 수 있는 존재였습니다. 하지만 엄마에게 장난감의 의미는 저와는 조금 달랐던 것 같습니다.

초등학교 2학년 여름방학, 우리 가족은 생애 첫 '우리 집'으로 이사를 했습니다. 저와 남동생은 며칠을 외할머니댁에 머물다 새집으로 돌아왔습니다. 그 시절에는 지금은 흔한 이삿짐센터도 따로 없었어요. 이사를 하느라 바쁘고 힘들었던 엄마는 청소하던 옷차림으로 저를 반겨 주셨습니다. 낯설고 설레는 분위기 속에서 엄마는 들뜬 얼굴로 제게 방을 보여 주셨습니다. 그 순간의 느낌이 저는 지금도 생생합니다.

"여기는 네 방이야. 마음에 드니?"

문을 열고 들어가자마자 저는 숨이 턱 막혔습니다. 아무리 두리번거려도 방에는 책상과 책꽂이, 피아노만 놓여 있었습니다. 그 많던 장난감은 흔적도 없이 사라졌더군요. 외할머니댁에서 며칠 동안 인형 놀이와 블록 놀이를 기다렸던 제 마음에는 실망이 가득했습니다.

나중에 알게 된 사실은, 엄마가 이삿짐을 정리하며 "딸이 커서, 이제 장난감은 필요 없다."라며 주변 이웃들에게 아낌없이 나눔을 하신 것이었습니다. 제 소중한 장난감들은 아랫집과 윗집, 1층 이웃집으로 뿔뿔이 흩어졌고, 아홉 살이었던 저는 엄마의 기대에 찬 표정을 외면할 수 없어 고개를 끄덕였습니다. 그로부터 며칠 동안, 저는 울며 잠들었어요.

저는 엄마가 아낌없이 나눔 한 장난감들을 가지고 놀고 싶어 이웃집으로 놀러 갔습니다. 제 것이었던 장난감을 동생들에게 사정하며 빌려 놀았지만, 엄마는 그마저도 달가워하지 않으셨습니다. 되려 "다 큰 애가 왜 동생들이랑 노냐?"라는 핀잔을 주셨습니다. 제 장난감을 남의 집에 가서 눈치 보며 가지고 놀아야 하는 상황에 마음이 너무도 속상했습니다.

사실 그 장난감들에는 다 사연이 있었습니다. 아빠가 회사에서의 첫 대리 승진을 기념해 퇴근길에 사 오신 인형, 이모들이 백화점에서 사 주셨던 장난감들. 장난감들 모두 저에게는 하나하나 다 의미가 있었고, 추억이 깃든 소중한 것들이었습니다.

그때 엄마가 제 마음을 조금 더 들여다봐 줬다면 어땠을까. 저에게 장난감을 정리하려고 하는데, 간직하고 싶은 것이 있는지 물어봐 주었으면 얼마나 좋았을까. 제가 놀이 속에 숨어 있는 아이들의 진짜 마음을 읽어 주는 사람이 되고 싶다는 소망은, 어쩌면 그날부터 시작되었을지도 모르겠습니다.

저는 그날의 기억이 저를 놀이치료의 길로 이끌었다고 생각합니다. 놀이치료사는 신상 장난감을 구경하며 신나 하고, 장난감을 조립하며 마음껏 기뻐해도 괜찮으니까요. 아이들이 마음껏 장난감과 놀아도 되는 이 시간, 이 공간, 이 관계의 의미를 알기에, 아이들에게 그것을 마음껏 누리게 하고 싶습니다.

저는 가끔 상상합니다. 장난감이 사라진 방에서 두리번거리던 아홉 살의 저에게, 놀이치료사가 된 제가 다가가는 장면을요. 속상해하고 있는 아홉 살의 저를 지금의 놀이치료실로 초대하고 싶어요. 이렇게 많은 장난감을 보여 주며, 여기서는 눈치 보지 말고, 마음껏 놀아도 된다고 말해 주고 싶어요.

"여기 있는 모든 것을 다 가지고 놀아도 돼. 나중에 또 놀고 싶으면 언제든 다시 와."

저는 그 마음으로 오늘도 아이들을 맞이합니다. 그리고 놀이치료사라서, 참 행복합니다.

놀이치료사의 번아웃

놀이치료를 시작하고 처음 몇 년 동안은 아이들의 작은 변화에도 가슴이 벅찼습니다. 장난감이 많은 방의 주인이라는 이유만으로 한없는 애정을 표현하며, 저에게 달려오는 아이들이 정말 사랑스러웠습니다. 그런데 12년 차가 되었을 무렵, 문득 이런 생각이 들었습니다.

'혹시 이 작은 방 안에 내가 갇힌 것은 아닐까.'

아무리 노력해도 좀처럼 변화할 기미가 보이지 않았던 아이들, 끝없는 요구와 불만을 제기하던 몇몇 부모님들을 만나며 마음이 점점 무거워졌습니다. 치료사의 경력이 쌓일수록 사례의 난이도도 높아집니다. 센터의 기대, 아이들도 부모님들도 넉넉히 감싸안아야 한다는 제 안의 책임감, 감당하기 어려운 현실 사이에서 저는 지쳐 갔습니다. 양육 환경이 바뀌지 않으면 큰 변화를 기대할 수 없다는 치료사의 현실도 무력감을 느끼게 했습니다. 몸도 마음도 마모되는 것 같았어요.

돌이켜 보면 그것은 놀이치료사로 맞이한 저의 번아웃이었습니다. 아이들의 눈망울이 좋아서, 놀이치료가 좋아서 시작한 저에게 번아웃이 찾아왔다는 사실조차 처음에는 받아들이기 어려웠습니다.

그 시기, 저에게 재난에 가까운 사건이 찾아왔습니다. 바로 코로나19였습니다. 사회적 거리 두기로 인해 밀폐된 치료실에서 밀접한 접촉을 통해 진행해야 하는 놀이치료는 제대로 진행될 수 없었습니다. 저는 모든 일상이 멈추는 시간 속에서, 저는 스스로 돌아보는 시간을 가졌습니다. 아침에 일어나도 치료실에 갈 수 없는 날들을 보내며, 치료실에서 아이들과 마주하던 일상의 순간들이 얼마나 소중했는지 깨닫게 되었습니다.

반면 코로나19로 온라인 교육과 모임은 활발해졌습니다. 온라인으로나마 평소 하지 못했던 동료 치료사들과의 회의도 진행하고, 듣고 싶었던 다양한 교육을 들으며, 마음속 고민도 솔직하게 털어놓을 수 있었습니다. 그리고 그것이 혼자만의 고민이 아니었다는 것도 알게 되었어요.

코로나19를 겪으며, 우리는 평범한 일상의 소중함을 깨달았습니다. 놀이치료사인 저에게도 예외가 아니었습니다. 한때는 일을 그만두어야만 끝날 것 같았던 번아웃의 시간을, 자기 돌봄과 동료들의 지지를 통해 견뎌 낼 수 있었습니다. 치료실에서 아이들과 함께하는 순간들의 소중함을 알기에, 이제 저는 이 일을 전보다 더 의미 있게, 오랫동안 해낼 수 있을 것 같습니다.

놀이치료사의 미래

우리 사회는 빠르게 변하고 있습니다. 출생아 수는 해마다 줄어 2024년 기준 합계출산율 0.72명으로, 세계의 이목을 끄는 수준이 되었습니다. 그런데 역설적으로 아동 인구는 줄어들고 있음에도, 발달 지연, 발달장애로 치료를 받는 아동의 비율은 꾸준히 증가하고 있습니다. 보건복지부 발달 재활 서비스를 받는 아동은 10년 전보다 늘어났고, 아동의 정서, 행동, 언어, 발달 문제에 대한 상담 수요 역시 급격히 증가하고 있습니다.

놀이치료사는 유치원과 학교, 병원, 지역아동센터 등 아동이 있는 곳이라면, 어디서든 필요한 전문 인력입니다. 하지만 현실의 벽은 여전히 높습니다. 여전히 놀이치료사를 '놀아 주는 사람' 정도로만 생각하는 분들도 많습니다. 놀이치료사는 전문성을 유지, 개발하기 위해 끊임없이 공부하고 자격을 유지해야 하는 부담도 가지고 있습니다.

또한 치료 현장에서는 치료비 지원이나 제도적 뒷받침이 충분하지 않아, 경제적 부담을 이유로 아동이 꼭 필요한 치료를 중단해야 하는 경우도 많습니다. 그럴 때면 치료사로서 마음이 참 무겁습니다.

그럼에도 저는 "아이들의 곁을 지키며, 변화를 기다리는 놀이치료사"로 남고 싶습니다. 제가 처음 놀이치료를 시작했던 10여 년 전과 현재의 모습은 분명 많이 달라졌습니다. 마음과 발달에 어려움을 겪는 아이들이 많아지는 이 사회의 현실을 외면하지 않았으면 합니다. 놀이치료가 필요한 더 많은 아이에게 닿을 수 있도록 지원 체계가 더 넓고 촘촘해지기를 바랍니다.

놀이치료사는 아동과 부모의 곁에 머물며 동행하는 직업입니다. 그래서 AI로 대체될 수 없을 거로 생각합니다. 아이의 한 걸음, 말 한마디를 함께 지켜보고, 그 과정이 세상으로 이어질 수 있도록 돕는 일. 그래서 저는 놀이치료사가 앞으로 우리 사회에서 더 소중해질 것으로 기대합니다.

5

놀이치료사와 함께하는 Q&A

-현직 놀이치료사에게 물어봐!-

Q1 아이가 놀이치료를 받고 있어요. 부모는 무엇을 해야 하나요?

아이의 변화는 아이 혼자서도, 치료사 혼자서도 만들 수 없습니다. 아이라는 배가 띄워져 있는 어항의 역할을 하는 부모가 함께 변화해야 합니다. 치료실 안에서 의미 있는 변화가 있어도, 아이가 살아가는 환경이 변하지 않으면 유지되기 어렵습니다.

놀이치료에 처음 온 아이가 참여하기 어려워하면, 치료사는 부모와 함께 그 이유에 대해 탐색합니다. 부모나 보호자와 이별하기 어려워서 그럴 수도 있고, 센터와 치료실의 환경이 낯설어서일 수도 있습니다. 때로는 치료사와 함께 무기하며 자신이 통제력을 가져가려고 하는 아이도 있습니다. 치료실은 자유로운 공간이지만, 지켜야 하는 규칙과 한계가 있기 때문입니다. 모든 경우마다 충분한 시간을 두고 보호자와 의논하며, 아이가 자연스럽게 치료 환경(센터, 치료실, 치료사 등)에 익숙해지도록 돕습니다. 진행 회기마다 놀이치료 시간을 조금씩 늘리기도 하고, 부모와 보호자와 이별하는 의식을 구조화하며, 아이에게 맞는 최적의 방법을 찾아갑니다. 이를 통해 아이는 놀이치료 속에서 낯선 사람과 안전하게 친밀해지고, 편안하고 안전한 관계에서 수용 받으며 자유롭게 소통하는 경험을 하게 됩니다. 말이 서툴거나, 속마음을 쉽게 드러내기 어려운 아이들, 상처가 깊거나, 말보다는 행동으로 감정을 표현하는 아이들, 그런 아이들에게는 '말보다 '놀이'가 더 자연스럽고 안전한 통로가 되어줄 수 있습니다.

부모는 아이의 문제 행동 안에 담긴 속마음과 하고 싶은 이야기를 알기 위해 노력해야 합니다. 동시에 아이의 행동이 사회적으로 수용 받을 수 있는 한계를 설정하고, 아이에게 일관되게 설명하며 훈육해야 합니다. 마지막으로는, 아이가 "부모가 나를 믿고 기다려 주고 있다."라는 느낌을 받을 수 있도록 지켜봐 주는 것이 부모의 가장 큰 역할입니다.

Q2 선생님, 결혼은 하셨어요? 아이는 있으세요?

아이를 만나는 직업군에 있는 분들이 정말 자주 받는 단골 질문입니다. 저도 정말 자주 듣습니다. 저는 아이를 키우며 일하는 엄마입니다. 그래서 부모가 아이를 키우는 것이 얼마나 어려운 일인지, 얼마나 세심한 관찰과 인내가 필요한지 잘 알고 있습니다. 부모의 마음을 이해하게 되면서, 아이의 마음도 더 잘 들여다볼 수 있게 되었습니다. 아이를 키우며 성장의 신비함과 경이로움, 그 잠재력을 더 신뢰하게 되었기 때문입니다.

저의 경험을 토대로 이야기하자면, 결혼과 육아 경험과 놀이치료사로서의 경험은 서로 영향을 주며 치료와 육아 모두에 도움을 주었습니다. 이렇게 두 경험은 서로 영향을 주고받았습니다. 언어 발달 속도가 느리거나 감정표현이 서툰 아이들을 만날 때면, 아이의 성장 잠재력을 믿으며 더 넉넉하고 여유롭게 기다릴 수 있었습니다. 반대로, 아이를 키우며 아이의 문제에 울고 웃는 부모의 마음도 더 깊이 이해할 수 있었습니다.

하지만 결혼하고 아이를 낳아야 꼭 치료를 잘하는 것은 아닙니다. 결혼하지 않았어도, 아이를 낳지 않았더라도, 아이의 마음을 섬세하게 읽고 치료할 수 있는 치료사들도 많습니다. 치료는 전문 영역이기 때문에, 개인적인 경험으로 모든 것이 결정되지 않습니다. 오히려 치우친 개인적인 경험은 선입견으로 치료에 방해 요인이 될 수도 있습니다.

놀이치료사를 포함하여, 아이들과 관련된 진로, 직업을 고민하고 있다면 꼭 기억해 주세요. 가장 중요한 것은 결혼 여부나 육아 경험이 아닙니다. 아이를 이해하고 진심으로 마음을 나누려는 자세와 태도입니다. 그런 정성을 담은 모습이 바로 여러분을 좋은 놀이치료사, 혹은 아이와 함께하는 직업군에서 반짝이게 할 겁니다.

Q3 놀이치료사는 돈을 잘 버나요?

어느 직업이든 가장 궁금한 것은 '그래서 한 달에 얼마를 버는지(급여)?'일 겁니다. 결론부터 말씀드리자면, 놀이치료사의 정확한 평균 연봉을 말하기가 어렵습니다. 놀이치료사들은 대부분 프리랜서 형태로 일하고 있고, 병원이나 기관, 센터마다 급여 기준도 다르기 때문입니다. 같은 센터라도 치료사의 경력과 출근 일수에 따라 시간당 급여가 다르고, 치료사들끼리 그 금액은 서로 비밀로 하는 경우가 많습니다. 채용 공고를 찾아봐도 '면접 후 협의'라고만 되어 있어요. 결국 직접 면접을 보고, 센터가 제시하는 조건을 확인해야 알 수 있습니다. 그래서 누군가는 고소득자가 될 수도, 누군가는 저소득자가 될 수도 있습니다.

알 수 없는 급여와는 별개로 놀이치료사에게는 평생 공부가 따라다닙니다. 이 세상에는 한 아이도 같은 아이가 없기 때문입니다. 같은 발달장애를 가지고 있어도, 각 아이는 서로 다른 모습을 보입니다. 새로운 아이를 만날 때마다 다시 분석하고, 그 아이만의 세계를 이해해야 합니다. 시대가 바뀌면 아이들의 일반적인 특성도 달라지고, 새로운 연구 결과에 따라 새로운 이론과 기법도 계속 등장하고 있습니다. 그래서 연간 교육비도 적지 않게 들어갑니다. 학회 자격증 유지를 위한 학회 연회비와 슈퍼비전, 자기분석 비용은 모두 자부담입니다.

정리하자면, 놀이치료사는 단기간에 큰돈을 벌고 싶은 분들께는 적합하지

앉을 수 있습니다. 하지만 아이들의 마음을 오래 들여다보며 연대감을 느끼며 살아가고 싶은 분이라면, 충분히 매력 있고, 가치 있는 직업이 될 거로 생각합니다.

Q4 놀이치료사가 왜 글을 쓰나요?

1년 전쯤, 가까운 친구가 저에게 이렇게 말했습니다.

"너, 글 한번 써 보면 어때?"

내가? 글을? 저는 처음엔 가볍게 들어 넘겼습니다. 글이라니, 전혀 어울리지 않는다고 생각했거든요. 그런데 친구는 사뭇 진지했습니다. 지금까지 제가 치료실에서 보아온 풍경들, 워킹 맘으로 살아온 저의 이야기들이 매력 있을 거라고 이야기했습니다. 친구는 이미 작가로 활동하고 있었기에, 진심을 담은 권유에 처음에는 고개를 갸우뚱했던 저도 조금씩 진지하게 고민하기 시작했습니다. 어쩌면, 저도 꺼내고 싶었던 저만의 이야기들이 있지 않을까 하는 생각이 들었습니다.

저는 블로그와 SNS, 퍼스널브랜딩에 관한 책과 자료를 찾아보고 강의도 들으며 3개월을 준비한 뒤, 블로그를 시작했습니다. 그리고 6개월 뒤에는 브런치 작가에도 한 번에 합격했어요. 브런치 작가에 한 번에 합격하는 일이 그렇게, 기쁜 일인지도 그때는 잘 몰랐습니다. 그저 '작가님'이라는 호칭에 하늘을 나는 듯 행복했습니다.

그 후로 지금까지 블로그와 브런치에 매일 글을 발행하고 있습니다. 이제 저에게 글을 쓰는 시간은 큰 힐링이 됩니다. 놀이치료와 부모 상담을 하며 누군가의 이야기를 담아내야만 했던, 제가 하고 싶은 이야기를 주체적으로 표현한다는 것이 참 큰 위안이 됩니다. 글을 쓰는 동안 저는 누구의 치료사도, 누구의 엄마도 아닌 '저'로서 존재합니다.

글을 쓰기 시작한 이후, 저에게는 많은 변화가 찾아왔습니다. 주변 사람들과의 관계나 남들에게 보이는 것들보다 저 자신에 더 집중하게 되었어요. 그래서 더 열심히 매일 매일 책을 읽고 글을 쓰며, 저의 내면을 더 단단하게 만드는 데에 공을 들이고 있습니다. 그러다 보니 책 읽고 글을 쓰며 살아가는 많은 좋은 인연들도 만나게 되었고, 덕분에 책 집필에도 참여하게 되었습니다.

올해 봄부터는 학교 현장으로 찾아가서 진행하는 집단 프로그램 수업도 진행하고 있습니다. 학교 현장에서 아이들과 함께하며, 자연스레 요즘 아동, 청소년에 대한 이해와 시야가 넓어짐을 느낍니다. 치료실에 오는 아이들의 학교 생활에 대해서도 더 깊이 이해할 수 있게 되었습니다. 이렇게 저는 다양한 곳에서, 다양한 모습의 놀이치료사로 살아가고 있습니다.

미래의 놀이치료사들에게 쓰는 편지

놀이치료사는 아이들이 미처 말로 다 표현하지 못하는 마음을, 놀이를 통해 조금씩 알아가는 사람입니다. 마음의 언어를 이해하는 사람이라고 해야 할까요? 해가 거듭되어도, 아이들을 마주할 때면, '내가 잘하고 있는 걸까?'라는 의심이 들어 두렵기도 하고, '새로운 아이와 잘 지낼 수 있을까?' 하는 걱정도 합니다. 그러다 아이를 만나고 환한 미소를 마주할 때면, 의심과 걱정은 눈 녹듯 사라집니다.

놀이치료사는 하루하루가 새롭습니다. 어떤 날은 한 아이가 장난감을 던지며 화를 표현하고, 어떤 날은 한 아이가 한참 동안 아무 말 없이 저를 바라보기만 합니다. 또 어떤 날은 한 아이가 울며불며 치료실에 들어가지 않겠다고 합니다. 지난 회기까지만 해도 치료실에 달려 들어갔는데 말입니다. 그럴 때면, 정말 당황스럽기도 하지만, 스스로 돌아보고, 아이의 마음을 더 들여다보고 이해하려고 노력합니다.

그래서 놀이치료사는 공부와 훈련이 필수입니다. 자격증을 따기 위해서, 자격증을 딴 이후에도 배움은 끝나지 않습니다. 누군가는 '놀이치료사는 고단하고 급여도 넉넉하지 않은 직업'이라고 말합니다. 하지만 말을 못 하던 아이가 처음으로 인사했을 때, 소심하던 아이가 다가와 뽀로로 간식을 건네줄 때, 그런 순간들을 만날 때마다 저는 조금씩 더 멋지고 행복한 치료사가 되어감을 느낍니다.

놀이치료사는 아이의 시간을 함께 견뎌 주는 사람입니다. 아이 옆에 조용히 앉아서, 아이의 세계에 함께 하는 사람, 그리고 기꺼이 놀이를 통해 마음을 나누는 사람입니다. 장난감이 많은 방의 주인이라는 이유 하나만으로 아이들은 놀이치료사를 열렬히 환영합니다. 저는 놀이치료실에 달려오는 아이들, 놀이치료사를 온몸으로 반겨 주는 아이들을 만나며, 저의 존재 자체만으로 오롯이 사랑받는 순간을 경험했습니다.

'내가 좋은 놀이치료사가 될 수 있을까?' 불안하더라도 괜찮습니다. 아이들을 향한 마음과 호기심만 있다면, 그것이 놀이치료사가 되는 첫걸음입니다. 처음 가는 길의 두려움은 자연스러운 감정이고, 실수와 고민조차 성장의 일부입니다. 아이와 마주하게 되는 매 순간, 작은 변화와 성취를 발견하며 한 걸음씩 나아가게 됩니다. 일단 시작하세요. 아이들의 눈망울과 맑은 마음이 나침반이 되어 줄 겁니다.

그리고 혼자가 아니라는 것을 잊지 마세요. 여러분의 마음과 고민을 이해하고 응원해 줄 동료와 선배들이 있다는 것을요. 우리도 그 길을 걸어왔습니다. 온라인에서, 현장에서, 같은 길을 걷고 있는 이들 모두가 응원하고 있습니다.

놀이치료사가 되어가는 여러분의 여정을 마음 깊이 응원합니다.
언젠가 동료로 만날 날도 기대하고 있겠습니다.

진로 단어장

알아 두면 쓸모 있는
놀이치료사 용어들

한국 모래놀이 치료학회 본 학회는 융 심리학 기반으로 깊이 있게 접근하고 탐구하는 국내 모래놀이 대표 학회로 국제 모래놀이 치료학회(ISST: International Society for Sandplay Therapy)의 인준을 받았습니다.

한국 놀이치료 학회 본 학회는 학문적 깊이와 실천적 강점을 함께 갖추고 있는 놀이치료 대표 학회입니다. 국내 유일의 IC-PTA(국제 놀이치료 협회) 운영위원으로 초대되는 등 국내외에서 전문성과 정통성을 인정받았습니다.

사례연구 놀이치료사가 내담 아동에 대한 문제 이해, 치료 목표, 치료 경과, 변화 양상 등을 종합적으로 정리하는 연구 과정입니다.

사례보고서 놀이치료사가 내담 아동과의 치료 과정을 치료자의 개입부터 아동의 변화, 놀이의 상징, 관계의 흐름, 치료 목표 및 효과를 종합적이고 체계적으로 연구하여 작성한 보고서입니다.

분석　놀이치료사가 자신의 성격, 감정, 가치관, 과거 경험, 가족 배경 등이 치료 관계에 어떤 영향을 미치는지를 의식적으로 탐색하고 성찰하는 과정입니다.

슈퍼비전　놀이치료사가 임상 현장에서 겪는 치료 장면, 관계, 감정, 기술적 문제를 숙련된 전문가(슈퍼바이저)와 함께 성찰하고 탐색하는 전문적 지도 과정입니다. 학회 기준에 따라 개별, 공개 슈퍼비전으로 나누어 진행합니다.

발달 재활 서비스　발달장애(또는 그 위험이 있는) 아동·청소년에게 심리·행동·언어·감각·운동 영역의 치료 서비스를 제공하는 정부 지원 바우처 사업입니다. 소득 기준에 따라 정부 지원금의 차이가 있습니다.

자폐스펙트럼 장애　신경 발달장애의 일종으로, 사회적 상호작용과 의사소통에 어려움을 겪고, 제한적이고 반복적인 행동이나 관심사를 보이는 특징이 있습니다. '스펙트럼'이라는 말처럼 증상의 정도와 형태가 사람마다 다양하게 나타납니다.

> 수의사
> 직업 에세이

진로 네 걸음

수의사에 대한
모든 것

— 수의사 박근필

여러분에게 수의사는 어떤 직업인가요

-*"선생님, 우리 아이가 살 수 있을까요?"*-

    수의사가 된 이후, 수없이 들어온 말이지만 그 순간만큼은 늘 낯설고, 또 절절합니다. 보호자의 떨리는 눈빛을 마주할 때면, 저는 어린 시절의 한 장면을 떠올립니다. 장난삼아 던진 돌에 다친 참새를 아버지와 함께 치료하던 그날. 그 작은 생명이 다시 하늘을 날아오를 때, 제 가슴 한쪽에 처음으로 '살린다'라는 감정이 피어났던 걸 기억합니다. 그때 심어진 작은 씨앗이, 지금의 저를 만들었는지도 모르겠습니다.

    수의사가 된 지 벌써 15년이 되어갑니다. 그동안 수없이 많은 생명을 만났고, 그들의 고통과 회복을 곁에서 지켜봤습니다. 때로는 마지막 순간을 함께하며, 생이 떠나는 뒷모습까지도 마음에 새겨야 했습니다. 매일 아침 병원 문을 열며 생각했습니다. '오늘은 또 어떤 동물과의 인연이 기다리고 있을까.'

솔직히 고백하자면, 수의사라는 직업은 제가 어린 시절 꿈꾸던 모습보다 훨씬 더 복잡하고 어렵습니다. 단순히 동물을 좋아하는 마음만으로는 이 일을 오래 할 수 없습니다. 밤새 응급환자를 돌보다 지친 몸으로 새벽에 퇴근했던 날들, 최선을 다했음에도 살리지 못한 환자 탓에 잠 못 이루던 밤들, 때로는 보호자의 오해와 불신으로 마음이 무너졌던 순간들…. 번아웃을 겪으며 이 길을 내려놓고 싶었던 적도 있었습니다.

그럼에도 불구하고, 저는 여전히 이 자리에 서 있습니다. 그 이유는 분명합니다. 위중했던 환자가 건강한 모습으로 꼬리를 흔들며 퇴원할 때, 보호자가 환하게 웃으며 "선생님 덕분에 우리 아이가 살았어요"라고 말할 때, 그 무엇과도 바꿀 수 없는 벅찬 감동을 느끼기 때문입니다. 수의사는 '생명을 살리는 손길'이 되어야 한다는 말, 그 말이 현실이 되는 순간을 지금도 체감하며 살아갑니다.

이 글을 통해 저는 수의사라는 직업의 진짜 얼굴을 보여드리고자 합니다. 화려해 보이는 겉모습 뒤에 숨겨진 고민과 고충, 그 속에서 피어나는 희망과 보람, 그리고 사명감까지. 수의사를 꿈꾸는 이들에게는 더 현실적인 조언을, 반려동물을 키우는 보호자에게는 수의사를 이해할 수 있는 창구를, 그리고 이 길을 함께 걷고 있는 동료들에게는 조용한 위로 한 줌을 전하고 싶습니다.

생명을 다루는 일은 결코 쉽지 않습니다. 그러나 그 생명이 내 앞에서 다시 일어서는 모습을 볼 때마다 저는 이 길을 선택한 것이 틀리지 않았다고 느낍니다.

  이제 제가 살아온 길, 앞으로도 계속 걸어갈 길의 이야기를 시작해 보려 합니다.

어떻게 수의사가 되었을까요?

-나는 언제부터, 왜 수의사가 되고 싶었나?-

운명을 바꾼 참새와의 만남

수의사가 된 계기를 물어보시면, 저는 항상 어린 시절 이야기부터 시작합니다. 제가 수의사의 길을 걷게 된 것은 우연이 아니었습니다. 어렸을 때부터 자연스럽게 동물들과 함께 지내며 그들에 대한 애정과 관심이 싹텄기 때문입니다.

아버지께서 동물을 아주 좋아하셨습니다. 그 덕분에 저는 어릴 때부터 개, 물고기, 새, 심지어 다람쥐까지 꽤 다양한 동물과 함께 지내며 자랐습니다. 당시 너무 어린 나이라 어떻게 다람쥐를 집에서 키우게 되었는지는 정확히 기억나지 않지만, 아버지께서 손수 커다란 집을 만들어 주셨고, 다람쥐가 먹이를 먹는 모습이 무척 귀여웠습니다. 아주 짧은 기간 키우다 어느 기관에 기증하셨어요.

다른 집 아이들이 장난감을 가지고 놀 때, 저는 살아있는 동물들과 교감하며 시간을 보냈습니다. 이런 환경에서 자라다 보니 동물들이 무서운 존재가 아니라 함께 지내는 가족 같은 존재로 느껴졌습니다.

어느 날, 평생 잊을 수 없는 일이 일어났어요. 제가 참새에게 장난으로 돌을 던졌는데 그만 다리에 맞아 다쳤습니다. 놀란 저는 새를 안고 급히 집으로 데려와 아버지께 보여드렸고, 아버지께서 소독 등 간단한 처치를 하신 후 놓아 주셨던 기억이 납니다.

그 순간을 지금도 생생히 기억합니다. 아버지의 손길 아래서 다친 참새가 점차 안정을 찾아가는 모습을 보면서, 가슴속에 무언가가 꿈틀거리기 시작했습니다. 아버지는 마치 의사가 환자를 치료하는 것처럼 정성스럽게 참새를 돌봐 주셨습니다.

제가 장난으로 던진 돌 때문에 다친 참새를 보면서 처음으로 깊은 죄책감을 느꼈습니다. '아무리 작은 생명이라도 함부로 대해서는 안 되는구나'라는 깨달음을 얻었죠. 동시에 아버지가 그 참새를 치료해 주시는 모습을 보면서 깊은 감동을 받았습니다. '이렇게 작고 연약한 생명도 소중히 여기고 치료해 줄 수 있구나'라는 생각이 들었습니다.

며칠 후, 참새는 호전되어 하늘로 날려 보냈습니다. 참새가 날아가는 모습을 보면서 '아픈 동물을 치료해 주는 일이 이렇게 의미 있는 일이구나'라는 생각이 들었습니다. 어린 마음에도 그 느낌이 특별했습니다. 그 순간 제 마음속에 무언가 새로운 씨앗이 심어진 것 같았습니다.

수의사 꿈의 씨앗을 품다

참새 치료 경험 이후로 저는 동물에게 더욱 관심을 두게 되었습니다. 그러면서 점차 저에게는 '동물을 치료해 주는 사람이 되고 싶다'라는 생각이 무의식 속에 자리 잡았는지도 모르겠습니다. 수의사라는 직업이 있다는 걸 알게 된 것도 이 무렵이었던 것 같습니다. 사람을 치료하는 의사가 있듯이 동물을 치료하는 의사도 있다는 사실이 신기하면서도 흥미로웠죠.

어린 시절 저도 다른 아이들처럼 다양한 꿈을 가졌습니다. 초등학생 때는 축구선수가 되고 싶었고, 중학생 때는 체육 선생님이 꿈이었습니다. 고등학교 1학년 때는 〈허준〉이라는 한의사가 등장하는 드라마가 엄청 인기 있었는데, 저도 그 드라마를 재밌게 보면서 그 영향을 받아 한의사가 되고 싶다고 생각했습니다. 비슷한 시기에 물리치료사에도 관심을 가졌던 적이 있었죠.

최종적으로 고등학교 2학년 때부터 수의사가 되겠다고 강하게 마음먹었습니다. 어린 시절 참새를 치료해 주셨던 아버지의 모습이 계속 마음에 남아 있었고, 아픈 동물을 치료해 주고 싶은 마음이 점점 커졌기 때문입니다.

그때부터 어른들이 "커서 뭐가 되고 싶냐?"라고 물어보시면 주저 없이 "수의사요."라고 답했습니다. 그럴 때마다 "동물을 좋아하는구나!",

"착한 아이네" 같은 반응을 보이셨는데, 저에게는 단순히 동물을 좋아해서가 아니라 생명을 살리는 일에 대한 확신이 있었습니다.

수의사가 되려면 수의대에 진학해야 한다는 것을 알게 되었고, 열심히 공부해야 한다는 것도 깨달았습니다.

특히 생물 과목에 관심이 많았습니다. 동물의 몸 구조나 생리 현상을 배울 때면 정말 흥미로웠죠. '이런 것들을 알아야 나중에 동물을 제대로 치료할 수 있겠구나' 하는 생각으로 더욱 열심히 공부했습니다.

수의대 진학

대학 입시 원서를 세 군데 대학에 냈던 걸로 기억합니다. 모두 수의과대학에 넣었습니다. 그만큼 수의사는 제가 원하는 직업이었고 진심이었죠. 다른 선택지는 생각하지 않았습니다. 오직 수의사가 되는 것만이 제 목표였습니다.

운 좋게 수의과대학에 진학했습니다. 합격 소식을 들었을 때의 기쁨은 지금도 잊을 수 없습니다. 어린 시절부터 키워온 꿈에 한 발 더 가까워졌다는 생각에 가슴이 뛰었습니다.

수의과대학 진학 후 저는 더욱 구체적인 목표를 세웠습니다. 수의사의 진로는 생각보다 다양했지만, 저는 동물병원 수의사를 꿈꿨어요. 직접 아픈 동물들을 만나고 치료해 주는 일을 하고 싶었기 때문이죠.

대학에서 공부하는 동안, 저는 임상수의사가 제 적성에 맞는지 알아보고 실력을 미리 쌓기 위해 방학 때마다 현장 경험을 쌓으려고 노력했습니다. 선배님의 동물병원에 나가서 실습생으로 체험하기도 했습니다.

특히 여름방학 때 수도권 대형 병원에서의 실습 경험은 잊을 수 없습니다. 연고가 전혀 없는 곳이라 처음으로 성인 한 명 누울 공간만 있는 고시원에서 지내며 매일 병원으로 출근했습니다. 당시에는 힘들었지만, 지금 생각해 보면 열정과 의욕으로 충만한 시절이었습니다.

목적과 목표가 분명하면 아무리 힘들어도 견디고 버틸 수 있습니다. 제가 딱 그랬습니다. 되고자 하는 모습이 분명했기 때문이죠. 훌륭한 수의사가 된 모습을 상상하면, 몸은 비록 힘들어도 마음은 가벼워졌습니다. 꿈이 우리에게 주는 힘은 정말 강력합니다. 우리가 꿈을 가져야 하는 이유입니다.

수의사의 진로와 교육 과정

수의사는 동물의 건강과 질병에 대한 전문적인 지식과 기술을 가진 전문가입니다. 동물의 진료, 예방, 보호 및 교육 등 다양한 업무를 수행하며, 동물을 치료하고 보호하는 것을 중요하게 생각하며 이를 위해 노력합니다.

2023년 3월 기준으로 전국 수의사 면허자 수는 22,292명이며, 이 중 현업 종사자는 14,123명으로 면허자 중 63.4%가 현업에 종사하고 있습니다. 많은 사람이 수의사라고 하면 단순히 '동물 의사' 정도로만 생각하는데, 실제로는 훨씬 복합적이고 전문적인 직업입니다.

수의사의 진로는 생각보다 다양합니다. 동물병원 수의사만 있는 게 아닙니다. 크게 동물을 진료하는 '임상수의사'와 그렇지 않은 '비임상수의사'로 구분합니다.

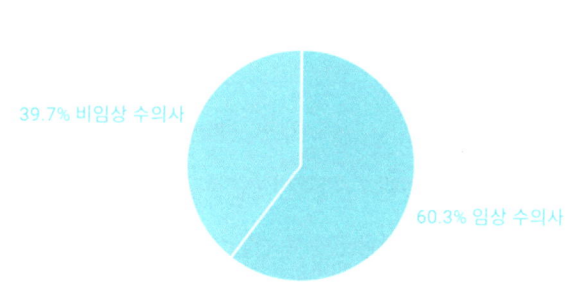

임상수의사(8,515명, 60.3%, 2023년 기준)

국내 수의사 중 약 60.3%인 8,515명이 동물병원에서 임상 진료를 담당하고 있습니다. 이는 전체 활동 수의사 14,123명 중 가장 큰 비중을 차지하는 분야입니다. 반려동물을 가족처럼 여기는 펫휴머나이제이션 트

렌드와 함께 임상수의사의 역할은 더욱 중요해지고 있습니다.

반려동물 수의사 개, 고양이 등 반려동물을 주로 진료하는 소동물 임상수의사입니다. 동물병원에 취업하거나 직접 개원하여 내과, 외과, 치과, 피부과, 안과 등 다양한 진료 과목의 진료와 수술을 수행합니다. 환자인 동물의 상태를 진단하고 치료하며, 보호자에게 사후 관리나 상담을 제공하는 것이 주 업무입니다.

근무처는 다양한 유형의 동물병원입니다. 도시 지역을 중심으로 동물병원이 증가하고 있으며, 반려동물 인구 1,500만 명 시대에 맞춰 야간응급센터나 전문과목 동물병원도 등장하고 있습니다.

산업동물 수의사(대동물 수의사) 소, 돼지, 닭, 오리 등 대량으로 사육되는 산업 동물의 질병을 치료하고, 가축의 건강 관리 및 생산성 향상에 기여합니다. 구제역이나 조류인플루엔자 같은 가축 전염병 발생 시 방역 및 예방 업무에 중요한 역할을 수행합니다.

주로 축산 농장 밀집 지역의 가축병원 또는 지역축협의 가축 진료소에 근무하며, 정부 기관과 계약하여 방역 업무를 병행하기도 합니다. 농장 현장에서 현장 출장 진료, 백신 접종, 번식 관리, 가축 전염병 방역 업무 등을 수행합니다.

동물원 수의사 동물원이나 해양동물공원, 생태보호구역, 수족관 등에서 호랑이, 사자, 고라니, 어류 등 야생 및 수생생물의 건강 관리와 치료를 담당합니다. 국내 일자리는 많지 않지만, 해당 기관에서 전임 수의사로 고용되어 여러 종의 동물을 관리합니다.

비임상수의사

공무원 수의사(2,517명, 17.8%, 2023년 기준) 국가 및 지방 정부의 공중보건과 동물 위생을 책임지는 중요한 역할을 수행합니다. 농림축산식품부, 검역본부, 지자체 축산과, 식품의약품안전처 등에서 가축방역관, 동물검역관, 축산물 위생 검사관 등으로 일합니다.

주요 업무는 가축 전염병 예방 및 관리, 도축장 위생 검사, 수입 동물 및 축산물 검역, 동물보호 감독 등으로, 국가 차원의 공중보건과 식품안전을 지킵니다. 그 외에도 군대에서는 수의장교로 복무하며 군견·군마의 관리나 부대 방역을 맡는 경우도 있습니다.

현재 이 분야는 심각한 인력난을 겪고 있습니다. 열악한 처우, 즉 낮은 임금과 불리한 근무 여건에 기인하는 것으로 지적됩니다. 이러한 환경은 수의사들이 공직을 기피하는 현상으로 이어지고 있습니다.

이러한 문제를 해결하기 위해 일부 지자체는 수의직 공무원 초임 직급 상향(7급→6급), 추가 수당 지급 등의 유인책을 제시하고 있습니다. 의료업무수당 상한액 지급, 동물보호 업무 등 수당 지급 대상 확대, 직급 상향 등을 포함한 처우 개선이 필요한 상황입니다.

수의관련 산업(1,017명, 7.2%, 2023년 기준) 제약회사, 동물약품회사, 사료회사, 유제품회사 및 육가공 회사 등에서 수의학적 전문 지식을 활용하여 제품 개발, 품질 관리, 연구 등의 업무를 수행합니다.

학계(834명, 5.9%, 2023년 기준) 수의과대학, 의과대학, 자연과학대학 등에서 기초, 예방, 임상 수의학 분야의 박사 학위를 취득하고 교육 및 연구 경력을 쌓아 교수로 활동합니다. 또한 한국생명공학연구원, 대구경북첨단의료산업진흥재단, 국가영장류센터, 국립축산과학원 등 공중보건 및 생명과학 분야 연구소에서 다양한 연구 업무를 수행합니다.

공중방역수의사(447명, 3.2%, 2023년 기준) 병역 대체 복무로 지역 방역 업무를 수행합니다. 3년간 지방 방역 현장에서 일하며 국가 방역 및 공중 보건의 핵심 인력 역할을 합니다.

대학 진학 과정 수의사가 되려면 먼저 수의대에 진학해야 합니다. 우리나라에는 현재 10개의 수의과대학이 있으며, 매년 약 500명 가까운 수의사가 배출됩니다.

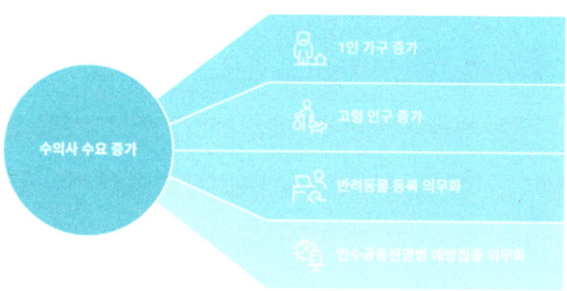

한국고용정보원의 발표에 따르면 수의사는 향후 10년 후 일자리가 증가할 직업 2위에 선정되었습니다. "1인 가구와 고령 인구의 증가로 개, 고양이 등 반려동물에게서 정신적 위안을 얻으려는 사람이 늘고 동물에 대한 관심과 인식이 높아지고 있다"라며 "반려동물 등록제와 인수공통전염병 예방접종이 의무화되면서 수의사의 수요는 지속적으로 확대될 것"이라고 전망했습니다.

6년의 교육과정 수의대는 총 6년의 학업 과정을 거칩니다. 전통적으로는 예과 2년, 본과 4년 체제를 운영하고 있습니다. 수의예과는 수의학을 전공하기 위한 기초 과정을 제공합니다. 생물학, 화학, 물리학 등의 기초 과학 과목을 학습합니다. 이 과정을 마친 후, 학생들은 본과에 진학할 수 있는 자격을 얻습니다. 본과는 실제 수의학 교육을 제공하며, 동물의 진료와 치료에 필요한 전문 지식을 배웁니다. 해부학, 생리학, 병리학, 임상 수의학 등의 심화 과목을 포함합니다.

최근 고등교육법 시행령 개정으로 학제 운영의 자율성이 확대되면서 대학별로 다양한 변화가 일어나고 있습니다. 2025학번부터 전북대학교와 충북대학교는 '예과 1년 + 본과 5년' 체제로 학제를 개편했습니다. 이는 1998년 6년제 전환 이후 27년 만의 학제 개편으로, 본과 마지막 학년의 실습 교육 시간을 확대하고 임상 교육을 강화하는 것이 목적입니다.

대부분의 수의과대학은 여전히 예과 2년과 본과 4년 체제를 유지하고 있지만, 앞으로는 3+3, 1+5, 0+6 등 더 다양한 학제가 등장할 가능성이 높습니다.

국가고시 6년의 대학 과정을 마친 후에는 수의사 국가고시를 봅니다. 이 시험에 합격해야만 수의사 면허증을 발급받아 수의사로 일할 수 있습니다. 수능시험처럼 1년에 한 번 응시할 수 있습니다.

2

수의사 준비운동

-수의사의 시계는 이렇게 돌아간다-

일과

동물병원을 운영하는 수의사의 전형적인 하루는 어떤 모습일까요? 정답은 없지만 제가 경험했던 일상을 바탕으로 말씀드리겠습니다.

오전 8시 30분 - 병원 도착 직원들이 출근하기 전에 먼저 와서 입원 환자들의 상태를 확인합니다. 밤새 어떻게 지냈는지, 컨디션은 어떤지 체크하죠. 때로는 밤새 상태가 악화된 환자가 있어서 급히 처치해야 하는 경우도 있습니다.

오전 9시 - 본격적인 진료 시작 하루 일정을 점검합니다. 예약 환자 명단을 확인하고, 수술 예정 환자가 있는지, 특별히 주의 깊게 봐야 할 환자는 없는지 파악합니다. 예약 환자들과 당일 내원하는 환자들을 차례로 진료합니다.

오전 10시~12시 - 진료 및 수술 예약된 진료나 수술이 있으면 이 시간에 주로 진행합니다. 중성화 수술, 종양 제거 수술, 치과 수술 등 다양한 수술을 집도합니다. 진료 중에도 응급환자가 오면 진료를 잠시 중단하고 응급처치를 하기도 합니다.

오후 12시~1시 - 점심시간 점심시간이라고 해서 편히 쉴 수 있는 것도 아닙니다. 진료나 수술이 길어지면 점심을 대충 해결하는 일도 많습니다. 입원 환자가 있으면 점심시간에도 상태를 확인하고 필요한 처치를 해야 합니다.

오후 1시~7시 - 오후 진료 오후에도 진료는 계속됩니다. 오후에는 퇴근 후 내원하는 직장인 보호자들이 많이 옵니다. 건강검진, 예방접종, 다양한 진료가 이어집니다. 저녁 7시까지 공식적인 진료 시간이지만, 마지막 환자 진료가 끝나는 시간은 예측하기 어렵습니다. 회사원이 종종 야근 하듯, 임상수의사에게도 늦은 퇴근은 흔한 일상입니다.

기억에 남는 에피소드

하루는 덩치가 정말 산만큼 큰 대형견이 내원했습니다. 제가 실제로 본 개 중에서 가장 컸어요. 아마도 체중이 60kg대였던 걸로 기억합니다. 2차 동물병원에서 전립선암으로 진단받고 호스피스 차원의 처치를 받기 위해 내원한 나이 많은 노견이었습니다. 꽤 오랜 기간 약물을 복용하며 통원 치료를 이어갔고, 예상보다 오래 버텨 주었습니다. 그 기간 보호자는 마음의 준비를 충분히 할 수 있었습니다.

  이 일을 하다 보면 반려동물이 갑자기 숨을 거두는 일을 드물지 않게 경험합니다. 그럴 때 보호자는 망연자실합니다. 가족 같은 반려동물을 떠나보낼 준비가 전혀 되어 있지 않은 상태니까요. 반면 말기 암 환자처럼 어느 정도 남은 생존 기간이 예상될 때는 보호자가 이별 준비를 충분히 할 수 있기 때문에 슬픔과 충격이 덜한 편입니다.

  '펫로스 신드롬'을 들어보셨나요? 반려동물의 상실로 인해 보호자가 극심한 정신적 스트레스를 겪는 걸 의미합니다. 우울, 불안, 괴로움 등 심리적 어려움을 호소합니다. 주로 반려동물과 강한 애착 관계가 형성되었을 때 겪게 되는데, 앞서 언급했듯이 반려동물과의 이별을 전혀 준비하지 못한 상황에서 이별을 맞닥뜨렸을 때도 경험할 수 있습니다. 이럴 때는 주위 사람의 도움이 필요합니다. 다만 지나친 관심과 조언은 오히려 삼가야 하며, 곁에 있어 주는 것만으로도 큰 위로와 위안이 됩니다. 만약 시간이 지나도 심리적 상태가 나아지지 않는다면 전문가에게 도움을 받는 게 좋습니다.

또 하나 기억나는 건, 어느 날 초등학생 여러 명이 병원으로 들어왔습니다. 자초지종을 들어 보니 학교 숙제로 직업인 인터뷰를 해야 하는데, 수의사인 저를 인터뷰하고 싶어서 왔다고 하더군요. 마침 시간적 여유가 있어서 승낙했고, 아이들과 인터뷰를 진행했습니다. 왜 수의사가 되었는지, 수의사는 어떤 일을 하는지, 수의사 일을 하면서 언제 보람을 느끼는지, 언제 가장 힘든지, 수의사가 되려면 어떻게 해야 하는지 등 다양한 질문을 받았습니다. 질문마다 성심껏 답해 주었어요. 아이들은 마치 기자가 된 것처럼 진지한 표정이었고, 인터뷰를 마치고 뿌듯해하며 병원을 나서는 학생들의 모습이 아직도 선명하게 떠오릅니다.

끝으로 응급 제왕 절개 수술을 했던 경험이 기억납니다. 새벽에 휴대전화가 울리더군요. 긴급한 전화였습니다. 어미 개가 난산 중이라는 내용이었죠. 바로 내원하시라 안내한 뒤 저도 부리나케 병원으로 향했습니다. 새벽이라 당연히 병원 스태프는 없었고, 혼자서 마취 모니터링을 하며 제왕 절개 수술을 진행했습니다. 자견을 한 마리씩 꺼내 보호자에게 건네주며 수건으로 문지르라고 안내했는데, 그 순간 보호자와 저는 한 팀이 되었습니다. 자견들이 하나둘씩 우렁차게 울기 시작했을 때의 감격은 잊을 수 없습니다. 마지막 자견까지 꺼낸 후 수술을 마무리했는데 다행히 모견과 자견 모두 무사했습니다. 보호자와 저 모두 안도의 한숨을 내쉬었고, 생명의 탄생이라는 경이로움에 깊은 감동을 느꼈습니다. 보호자는 "고생하셨습니다. 고맙습니다"라는 말을 남기고 떠났고, 저는 수의사로서 생명을 살리는 데 일조했다는 큰 보람을 느꼈습니다.

하루 두 번 출근하는 삶, 그리고 현실과 이상의 차이

제목이 좀 이상하게 느껴지실 수도 있겠지만, 한때 저는 자주 하루에 두 번 출근했습니다. 아침에 한 번, 그리고 응급 진료가 생기면 밤(새벽)에 또 한 번. 동물병원을 운영하는 수의사에겐 흔한 현실이었습니다.

10여 년 전 30대 초반에 제가 동물병원을 개원했을 당시 업계 분위기는 이랬습니다. 대부분 주 6일 근무(일요일 휴무), 인원 구성은 1인 수의사(원장)+테크니션+미용사, 오전 9시부터 저녁 7시까지 근무. 지역마다 다소 차이는 있겠지만 보통 이런 식으로 운영하는 동물병원이 많았습니다.

공휴일도 근무하는 게 당연하던 시절이었고 휴가다운 휴가도 가 본 기억이 거의 없습니다. 그것만으로 끝이 아니었죠. 진짜 어려움은 퇴근 후에 시작되었습니다.

일과 시간이 끝나도 마음 편하게 쉴 수 있는 날이 많지 않았습니다. 왜냐하면 입원 환자가 있으면 병원에서 밤을 지새워야 했고, 퇴근 후 응급 진료 전화가 오면 밤이든 새벽이든 바로 동물병원으로 달려야 했기 때문입니다.

결국 나중에 야간 진료를 보는 걸 중단했습니다. 더는 무리라고 판단했기 때문입니다.

처음 수의사가 되었을 당시 저는 순수했던 건지 순진했던 건지 모르겠습니다. 동물을 사랑하고 수의사로서 자질과 실력만 있으면 충분하다고 생각했습니다. 수의학 지식을 많이 알고 진료만 잘하면 모든 게 다 잘 풀릴 줄 알았습니다.

하지만 시간이 지나면서 현실은 생각보다 복잡하다는 것을 알았습니다. 경영자의 두뇌와 태도도 중요하다는 사실을 나중에야 깨달았죠. 동물병원은 일종의 자영업이자 서비스업이었습니다.

반려동물은 사람과 대화가 통하지 않다 보니 다양한 애로 사항이 발생합니다. 반려동물의 상태를 체크하기 위해 신체검사 외에도 각종 검사를 해야 하는데, 이때 수의사의 마음을 몰라주고 완강히 거부하거나 강하게 공격하는 경우가 많습니다.

공격성이 높은 동물을 진료할 때는 에너지 소모가 많습니다. 최대한 조심하지만 물리거나 할퀴는 일도 왕왕 있습니다. 이런 환자는 수의사가 해 줄 수 있는 게 제한적이거나 거의 없습니다. 또한 스트레스 때문에 입원 처치가 오히려 독이 될 수 있어서 조기 퇴원을 시키기도 합니다.

수의사의 다양한 업무

　수의사의 주요 업무는 당연히 진료입니다. 하지만 '진료'라는 한 단어 안에는 정말 많은 일이 포함되어 있습니다.

　신체검사 가장 기본적인 것은 신체검사입니다. 반려동물의 전반적인 건강 상태를 파악하는 것부터 시작합니다. 체온, 맥박, 호흡, 체중을 체크하고, 눈, 귀, 구강, 피부 상태를 살펴봅니다. 청진기로 심장 소리와 폐 소리를 듣고, 복부를 촉진해서 내부 장기의 상태를 확인합니다

　예방접종 개의 경우 종합, 코로나장염, 전염성 기관기관지염(켄넬코프), 광견병, 개인플루엔자 이렇게 5가지를 접종합니다. 고양이는 기본적으로 종합, 광견병 이 두 가지 예방접종을 실시합니다. 접종 전에 컨디션이 정상인지 세심한 체크가 중요합니다.

　각종 검사 업무 혈액검사, 소변검사, 대변검사 등의 기본 검사부터 방사선 검사, 초음파 검사, 심전도 검사 등 다양한 검사를 합니다. 최근에는 AI 기반 진단 도구가 도입되어 진단의 정확도와 효율성이 크게 향상되고 있습니다.

응급 상황 대처 수의사의 하루에서 가장 긴장되는 순간은 응급 상황입니다. 언제 어떤 응급환자가 올지 예측할 수 없기 때문이죠.

심각한 저혈압 환자, 이물 섭취 환자, 외상 환자 등 응급 상황의 종류는 다양합니다. 이런 상황에서는 신속하고 정확한 판단이 생명을 좌우합니다.

응급환자가 오면 생체 징후를 빠르게 파악하고, 즉시 생명을 위협하는 요소가 있는지 판단합니다. 필요하다면 산소 공급, 수액 처치, 심폐소생술 등을 즉시 실시합니다.

현재 대형동물메디컬센터 응급의학과 수의사로 근무하고 있습니다. 응급의학과에서는 주로 위중한 환자를 돌봅니다. 교통사고, 중독, 호흡곤란, 발작, 심정지 등 케이스도 다양하죠. 이런 특성상 긴장감이 높은 상태에서 일을 하는 편입니다. 스트레스를 꽤 받지만, 위중한 환자를 살려 내었을 때의 보람은 그 어떤 것과도 바꿀 수 없습니다.

수의사의 업무 중 상당 부분은 보호자와의 소통입니다. 진료 결과를 설명하고, 치료 계획을 세우며, 가정에서의 관리 방법을 교육하는 일도 중요합니다.

검사 결과나 진단 내용을 보호자가 쉽게 이해할 수 있도록 설명해야 합니다. 예컨대 그림이나 모형을 활용하기도 합니다. 보호자의 질문에 성의껏 답변하고, 불안해하는 마음을 달래주는 것도 중요합니다.

  환자의 상태에 따라 최적의 치료 계획을 세우고, 보호자와 상의해서 결정합니다. 여러 치료 옵션이 있을 때는 각각의 장단점을 설명하고, 보호자가 선택할 수 있도록 도와드립니다.

  수의사의 하루는 예측 불가능하고 도전적이지만, 그만큼 의미 있고 역동적인 일들로 가득합니다. 매일 다른 생명을 만나고, 그들의 건강을 책임지며, 보호자의 걱정을 덜어드리는 일. 이것이 바로 수의사가 하는 일입니다.

3

수의사는 동물과 행복할 줄만 알았다

-모든 일엔 명암이 있기 마련이다-

감정 노동의 무게와 힘든 순간들

수의사는 치료만 잘하는 게 다가 아닙니다. 보호자의 만족도도 중요합니다. 예컨대 아픈 고양이의 호전 속도가 더딘데도 불구하고 보호자의 만족도는 높을 때가 있고, 반대로 아주 양호하게 호전되고 있는데도 불구하고 보호자의 만족도는 낮을 때가 있습니다.

감정 소모가 심한 편입니다. 여느 서비스업과 크게 다르지 않죠. 아픈 반려동물이 기대하는 만큼 호전이 되지 않을 땐 마음이 무겁습니다.
안락사를 진행할 때가 가장 힘듭니다. 오래 봐 온 환자일수록 심적으로 괴롭죠. 보호자가 눈물을 흘리며 마지막 인사를 하는 모습을 지켜보는 건 아무리 경험이 쌓여도 쉽지 않은 일입니다. 하지만 수의사는 끝까지 이성적인 상태를 유지해야 합니다.

때로는 이해하기 힘든 보호자의 인식과 태도가 힘들게 할 때도 있습니다. 예컨대 사료 구매 후 며칠 먹이다 어느 날 잘 먹지 않는다며 환불을 요청하는 분, 다른 병원은 수술비가 얼마더라, 그러니 여기도 그 가격으로 해 달라고 하는 분도 있습니다.

수의사를 돈만 밝히는 사람으로 취급하는 분, 검사를 덜 하거나 진료비가 싸면 양심 있는 수의사, 상대적으로 검사를 많이 하거나 진료비가 많이 나오면 과잉 진료하는 수의사라고 생각하는 분도 있습니다.

유리 멘탈이라면 마음의 상처를 받기 쉽고 빨리 지칠 수밖에 없습니다. 자기 돌봄을 잘해야 이 일을 오래 할 수 있습니다.

공감 피로와 번아웃

늘 꽃길만 걷기는 어렵습니다. 가끔 자갈길도 걷게 되죠. 병원을 하면서 제게 자갈길은 까다로운 보호자의 비위를 맞추는 일, 항의하는 보호자를 상대하는 일, 매출에 대한 압박이었습니다.

국내 수의사의 직무스트레스는 심각한 편입니다. 한국형 직무스트레스 척도(KOSS) 평균 점수가 98.36점을 기록했습니다. 이는 일반적으로 직무스트레스가 높은 상위군으로 분류되는 기준점(남성 56.6점, 여성 56.7점)을 크게 웃도는 수치입니다.

수의사는 아프거나 안타까운 사연의 반려동물을 접하는 게 일상입니다. 그때마다 불쌍함과 동정심이 생기고, 이는 감정 소모와 심리적 피로도의 증가로 이어집니다. 이것을 공감 피로(동정 피로)라고 합니다. 충분히 살릴 수 있는데 보호자로 인해 살리지 못하거나 치료하지 못할 때, 안락사, 치료에 최선을 다했음에도 불구하고 당신이 죽였다고 말하는 보호자를 만날 때는 깊은 좌절감을 느끼기도 합니다.

사람이 보람과 성취감만으로 버티는 데는 한계가 있습니다. 하루 중 온전히 나를 위한 시간이 필요하죠. 일에서 완전히 벗어나 에너지를 충전할 수 있는 시간을 갖는 게 중요합니다. 예컨대 취미 생활을 즐기거나, 가만히 아무것도 하지 않는 것도 좋습니다.

크게 두 번 정도 이 일을 그만두고 싶은 적이 있었습니다. 한 번은 인턴을 했던 때입니다. 당시 저는 서투르고 미숙한 저 자신을 인정하지 못했습니다. 누구나 초반엔 실수하기 마련인데 그것을 받아들이지 못했어요. 제 능력이 부족하다고 생각했습니다. 결국 중도에 포기하고 잠시 다른 길(제약회사)로 전향했다가 다시 이 길로 돌아왔습니다.

또 한 번은 동물병원을 운영하면서 몇 차례 번아웃을 겪었던 순간입니다. 병원을 정리하고 잠시 쉬는 시간을 가진 후 다시 복귀할 수 있었습니다. 독서와 글쓰기가 그 시기를 이겨 내는 데 큰 힘을 줬습니다.

하루 중 나만을 위한 시간을 짧게라도 마련해야 합니다. 환자를 위해서, 남보다 뒤쳐질까 봐 쉬지 못하는 분도 많습니다. 하지만 일과 휴식의 균형이 맞아야 원하는 일을 오래 할 수 있습니다.

해외 조사에 따르면 수의사의 자살률이 높은 것으로 나왔습니다. 미국 수의사의 자살률은 일반인보다 2배 이상 높았으며, 최근 1년간 자살에 대해 생각해 본 수의사는 10만 명당 7,455명으로 미국 일반 성인(3,600명)보다 2배 이상 많았습니다.

실제 자살을 시도했던 수의사는 일반인보다 무려 2.7배 많았습니다. 여성 수의사(9.0%)가 남성 수의사(5.5%)보다 자살 생각을 하는 비율이 더 높았으며, 나이가 어릴수록 자살 생각을 더 많이 하는 것으로 나타났습니다.

이러한 배경엔 다음과 같은 이유가 있습니다. 하나, 정신적 스트레스입니다. 수술 및 마취의 부담, 위중한 환자에 대한 걱정, 안락사, 보호자와의 마찰 등이 원인입니다.

둘, 왜곡된 시선입니다. 진료 영수증에 찍힌 금액에 따라 착한 수의사가 되기도 하고 나쁜 수의사가 되기도 합니다.

셋, 경제적 요인입니다. 모든 수의사가 소위 잘나가지 않습니다. 동물병원 개원할 때 드는 비용은 과한 경쟁 탓으로 점점 높아지고 있습니다. 보통 대출 금액이 억 단위입니다. 잘되는 병원과 그렇지 않은 병원의 양극화는 날로 심해지고 있습니다.

그럼에도 불구하고 느끼는 보람

여러 어려움에도 불구하고, 수의사로서 느끼는 보람은 그 무엇과도 바꿀 수 없습니다. 예컨대 상태가 심각했던 환자가 치료 후 건강한 모습으로 퇴원할 때, 보호자가 나를 신뢰하여 오랫동안 믿고 진료를 맡길 때, 보호자가 환자에 대한 나의 진심을 알아줄 때, 고단함은 싹 사라지고 큰 보람을 느낍니다.

동물병원의 하루하루는 역동적입니다. 지루할 틈이 없습니다. 늘 비슷한 업무로 따분함과 무료함을 느끼는 직업과는 확실히 구별되는 장점입니다.

많은 보호자 중에서 특히 기억에 남는 두 분이 있습니다. 한 분은 소망이라는 말티즈의 보호자입니다. 소망이는 참 착했습니다. 보호자도 늘 친절하셨고 따뜻한 웃음으로 대해 주셨습니다. 언제나 사랑과 세심함으로 소망이를 돌보셨고 그래서인지 소망이는 크게 아픈 적이 없습니다.

또 한 분은 고양이 두 마리를 키우셨던 똘이네 보호자입니다. 똘이라는 스코티쉬폴드 고양이가 어린 나이임에도 불구하고 비대성 심근병증(HCM)과 스코티쉬폴드의 유전병인 골연골이형성증을 앓아 꾸준히 관리를 받았습니다. 항상 제 말씀을 경청해 주셨고, 설명하고 안내해 드리는 건 하나도 빠짐없이 다 따라와 주셨습니다.

수의사가 직업적 보람을 느낄 때 중 하나는, 최선을 다해 설명하고 권유해 드리는 것을 보호자가 잘 따라와 줄 때입니다. 그러면 환자의 예후는 당연히 좋습니다.

4

수의사가 바라보는 수의사의 미래는

-준비된 자만이 밝은 미래를 기대할 수 있다-

수의사 직업의 미래 전망과 역할

수의사라는 직업의 미래는 밝다고 생각합니다. 반려동물을 키우는 가정이 점점 늘고 있고, 반려동물에 대한 사회의 인식도 많이 변했습니다.

글로벌 취업 플랫폼 인디드가 선정한 2025년 '최고의 직업' 1위에 수의사가 올랐습니다. 이는 급여 수준, 지속 성장성, 근무 유연성을 기준으로 평가된 결과로, 수의사는 2019년 데이터 수집 이래 처음으로 인기 순위에 오른 겁니다. 100만 개의 일자리당 1,065개의 구인 공고가 있고, 일자리 점유율은 2021년에서 2024년 사이 124%나 증가했습니다.

한국에서도 수의사는 향후 10년 후 일자리가 증가할 직업 2위로 선정되었습니다. 한국고용정보원은 "1인 가구와 고령 인구의 증가로 개, 고양이 등 반려동물에게서 정신적 위안을 얻으려는 사람이 늘고 동물에 대한 관심과 인식이 높아지고 있다"라며 "반려동물 등록제와 인수공통

전염병 예방접종이 의무화되면서 반려동물의 예방접종, 치료, 분만, 건강관리, 수술 등을 담당하는 수의사의 수요는 지속적으로 확대될 것"이라고 전망했습니다.

2025학년도 전국 수의대 10곳의 정시 경쟁률은 10.5대 1로 나타났습니다. 154명을 모집하는 데 1,619명이 몰렸습니다. 2년 동안 하락세를 보이던 경쟁률이 다시 두 자릿수로 올라선 것은 수의사라는 직업의 밝은 미래 전망을 반영합니다.

2002년 수의대에 입학했을 당시를 회상하면, 보호자가 동물병원 수의사를 '아저씨'라고 부르는 일도 드물지 않았습니다. '반려동물'이 '애완동물'로 불리던 시절이었죠. '애완동물'의 뜻은 사랑하는 장난감이라는 뜻입니다. 하지만 '반려'라는 뜻은 짝 반, 짝 려, 즉 '진정한 짝'이라는 뜻으로 우리만 행복한 것이 아닌 반려동물들도 우리와 살면서 같이 행복해야 한다는 의미를 지닙니다.

지금은 수의사를 모두 선생님이라 부르고, '애완견'이란 단어는 듣기가 힘듭니다. 그만큼 반려동물 문화가 발전했습니다.

반려동물에 대한 의료 서비스의 질적 향상도 계속되고 있습니다. 과거에는 단순한 치료 위주였다면, 이제는 예방의학, 정밀의학, 재활의학 등 다양한 분야로 확장되고 있습니다. CT, MRI 같은 첨단 장비를 갖춘 동물병원도 늘고 있고, 전문 과목별로 세분된 진료도 가능해지고 있습니다.

AI 기술의 발전은 수의사 직업에 새로운 기회를 제공하고 있습니다. 현재 수의사의 약 30%가 일상 업무에 AI를 사용하고 있으며, SK텔레콤의 엑스칼리버는 출시 1년 만에 국내 동물병원 300여 곳에서 사용되고 있습니다.

AI는 진단 정확도 향상, 진료 시간 단축, 비용 효율성, 조기 진단 등의 장점을 제공합니다. 반면에 동물과의 교감과 보호자와의 소통은 AI가 대체하기 어려운 영역입니다.

미래의 수의사는 AI 기술을 활용하는 융합형 전문가이자 동물과 사람의 유대를 지키는 사회적 역할을 함께 수행하게 될 겁니다. AI가 수의사를 대체하는 것이 아니라 보조하는 역할을 할 것이며, AI 기술을 효과적으로 활용하는 수의사가 더 큰 경쟁력을 갖게 될 거예요.

수의사 직업이 더 발전하기 위해서는 여러 사회적 개선이 필요합니다.

반려동물 의료보험의 활성화 사람처럼 국가적 차원의 공적 보험은 어려울지라도, 민간 보험의 활성화를 통해 의료비 부담을 줄일 수 있어야 합니다. 이는 보호자뿐만 아니라 수의사에게도 도움이 될 겁니다.

수의사에 대한 사회적 인식 개선 수의사도 전문 의료인으로서 존중받을 권리가 있습니다. 그릇된 편견에서 벗어나, 생명을 다루는 전문가로서 지금보다 더 인정받기를 바랍니다.

공중보건 분야에서의 역할 확대 수의사의 활동 영역을 반려동물 진료에만 국한할 것이 아니라, 공중보건, 식품 안전, 인수공통감염병 관리 등 사회 전반에 걸친 역할을 좀 더 확대할 필요가 있습니다.

인공지능과 협업하는 수의사

AI 기술의 도입 수의학 분야는 놀랍게도 83%의 전문가가 AI를 인지하고 있으며, 30%가 일상적으로 AI 도구를 사용하고 있어 전통적으로 보수적인 의료 분야 중에서도 높은 AI 도입률을 보이고 있습니다.

진단 영상 분야에서 AI는 92%의 정확도로 방사선 전문의와 일치하는 판독 결과를 보여 주고 있습니다. 한국의 SK텔레콤이 개발한 X Caliber는 84% 이상의 정확도로 X선 진단을 지원하며, 일본과 미국으로 수출도 확대하고 있습니다.

AI의 한계와 수의사의 역할 다수의 연구 자료는 AI가 수의사를 완전히 대체할 수 없으며, '보조' 도구로서의 역할이 강조된다는 공통된 인식을 보여줍니다. AI는 데이터 분석과 패턴 인식에 탁월하지만, 동물의 비언어적 소통과 본능을 직접 이해하고 대변하는 데는 한계가 있습니다.

보호자와의 인간적인 신뢰 관계 구축, 동물의 고통에 대한 공감, 그리고 복합적인 상황에서의 윤리적 판단과 치료 결정은 여전히 수의사의 고유한 역할로 남아 있습니다.

AI 시대에도 수의사 직업은 전문성과 공감 능력이 핵심적인 가치로 남을 겁니다. 기술과의 협업을 통해 더욱 정확하고 효율적인 의료 서비스를 제공하면서도, 동물과 보호자에 대한 세심한 배려와 윤리적 판단이라는 고유한 역할을 지속할 겁니다.

희망적인 미래를 위하여

무엇보다 중요한 것은 수의사와 보호자가 서로를 이해하고 존중하는 겁니다. 수의사, 반려동물, 그리고 보호자는 한 팀입니다. 좋은 팀워크는 반려동물에게 오랫동안 건강한 삶을 선물해 줍니다.

수의사라는 직업이 더 발전하고, 사회적으로 인정받는 전문직으로 자리 잡기 위해서는 모든 이해관계자의 노력이 필요합니다. 수의사는 전문성을 키우고 윤리의식을 갖춰야 하고, 사회는 수의사를 전문가로서 존중해야 하며, 정부는 제도적 뒷받침을 해야 합니다.

수의사는 보람 있고 의미 있는 직업입니다. 아픈 동물을 치료하고, 생명을 구하며, 보호자의 걱정을 덜어 주는 일보다 더 소중한 일이 어디 있을까요?

이러한 종합적인 노력을 통해 수의사라는 직업이 많은 사람이 꿈꿀 수 있는 직업이 되기를 진심으로 바랍니다. 그리고 그 꿈을 이루는 과정에서 겪는 어려움이 조금이라도 줄어들기를 희망합니다. 미래의 수의사는 더 나은 환경에서 일하면서 생명을 살리는 보람을 마음껏 느끼길 기대합니다.

5

수의사와 함께하는 Q&A

-수의사 선생님, 이것이 궁금해요!-

Q1 동물병원의 종류와 어떤 동물이 내원하는지 알고 싶어요!

고양이를 키우는 가정이 꾸준히 늘고 있긴 하지만 아직은 개의 비율이 가장 높습니다.
그 외 뱀이나 이구아나 같은 파충류, 햄스터, 기니피그, 새, 토끼, 거북이 등 특수동물이라 불리는 다양한 동물도 종종 내원합니다. 최근에는 특수동물만 전문적으로 진료를 보는 동물병원도 증가하고 있습니다.

병원 이름에 따른 분류 예전에는 단순하게 '○○동물병원'이라는 이름이 대부분이었지만, 요즘에는 이름이 점점 다양화되고 있습니다. 예컨대 A종합동물병원, B동물의료센터, C동물의료원, D동물메디컬센터, 24시 E동물메디컬센터가 있습니다.

1차 병원과 2차 병원 1차 동물병원은 보호자가 가장 흔하게 접하는 동네 동물병원입니다. 1차 동물병원에서 상위 검사(CT나 MRI 등)가 필요하거나 24시간 집중 입원 치료 등이 필요해 환자를 큰 병원으로 전원해야 할 경우가 있습니다. 이때 이 환자를 받아 필요한 검사 및 처치가 가능한 병원이 2차 동물병원입니다.

Q2 반려동물을 키우는 보호자에게 어떤 조언을 해 주고 싶나요?

다시 강조하지만, 수의사와 보호자는 한 팀입니다. 다니는 동물병원의 수의사, 주치의를 신뢰해 주세요. 수의사가 안내하는 사항에 잘 따라 주세요. 그러면 반려동물은 더 건강해지고 환자의 예후는 더 좋아집니다.

올바른 정보 습득 인터넷에는 잘못된 정보가 많습니다. 검증되지 않은 정보를 맹신하기보다는 전문가인 수의사의 조언을 들어 주세요. '약은 약사에게 진료는 의사에게, 반려동물 진료는 수의사에게'라는 원칙을 지켜 주세요.

진실한 소통 진료를 볼 때 수의사에게 진실만 말해 주시길 당부드립니다. 간혹 자신의 책임을 숨기기 위해 정보를 빠뜨리거나 거짓 정보를 주는 보호자가 있습니다. 정확한 진단이 내려져야 그에 맞는 적절한 치료를 할 수 있다는 걸 잊지 마세요.

전문성에 대한 존중 수의사는 반려동물의 생명을 다루는 전문가입니다. 다른 직업의 전문가처럼 수의사도 한 분야의 전문가로 인정하고 존중해 주시길 바랍니다.

Q3 반려동물을 좋아하지 않거나, 무서워하거나, 알레르기가 있어도 수의사를 할 수 있나요?

사실 모든 수의사가 동물을 좋아하는 건 아닙니다. 동물을 좋아하지 않는 수의사도 있고 동물을 무서워하는 수의사도 있어요. 다만 이런 수의사는 상대적으로 일이 더 힘들게 느껴질 수 있습니다.

제 주위에도 개나 고양이에게 알레르기가 있는 수의사가 있습니다. 이런 분도 알레르기 증상을 완화하는 약을 먹거나 마스크와 장갑을 착용함으로써 일을 할 수 있습니다. 저도 고양이 털(타액)에 의한 콧물, 눈 가려움증 등의 알레르기 증상을 종종 겪지만, 큰 지장 없이 일하고 있습니다. 즉, 관리만 잘한다면 큰 문제는 없어요. 다만 개인차가 있으므로 알레르기 증상이 심각한 수준이라면 다른 진로도 고려해 보는 게 좋습니다. 예컨대 사육사, 동물 매개 치료사가 있으니 참고하세요.

Q4 반려동물 유기나 학대 뉴스를 심심치 않게 접합니다. 이에 대해 어떻게 생각하시나요?

안타까운 일입니다. 최근 본 뉴스인데, 한 보호자가 반려견을 미용하는 과정에서 말을 듣지 않는다고 폭력을 쓰더군요. 사람보다 힘이 약하다는 이유로 많은 반려견, 반려묘가 희생되고 있습니다. 마치 물건처럼 반려동물을 돈으로 쉽게 구매할 수 있다는 점도 문제입니다. 생명 존중 의식이나 책임감, 보호자의 경제력 등 기본적인 구매 조건이 전혀 없죠. 쉽게 사고, 쉽게 대하고, 쉽게 버리는 일이 반복되고 있는 게 속상합니다.

이런 상황을 막기 위해 수의사들과 동물 관련 단체들도 다양한 노력을 기울이고 있습니다. 동물보호단체들은 학대 동물 구조와 임시 보호, 입양 연결 활동을 꾸준히 이어가고 있으며, '사지 말고 입양하세요' 같은 캠페인을 통해 대중 인식 개선에 힘쓰고 있습니다. 일부 수의사들은 유기동물 보호소에서 무료 진료나 예방접종 봉사를 하며, 반려동물을 입양한 가정에 정기적인 교육을 제공하기도 합니다. 또한 대한수의사회나 여러 지역 수의사회에서는 동물 학대 사례를 적극적으로 신고하고, 법적 제재 강화와 제도 개선을 정부에 지속적으로 건의하고 있습니다.

최근에는 지자체와 민간이 협력해 동물 등록제, 반려동물 보육 교육, 보호자의무 교육을 강화하려는 움직임도 있습니다. 이런 제도적 장치와 사회적 캠페인이 확산한다면, 생명을 책임지는 문화가 더 빨리 자리 잡을 수 있을 겁니다.

Q5 수의사의 수입은 얼마인가요?

반려동물(소동물) 임상 수의사 초봉은 약 3,000만~4,500만 원 수준이며, 몇 년 경력을 쌓은 이후에는 평균 5,000만~8,000만 원 정도로 상승하는 경우가 많습니다. 경력을 쌓거나 자신만의 병원을 운영할 경우 연 1억 원 이상의 수입도 가능합니다.

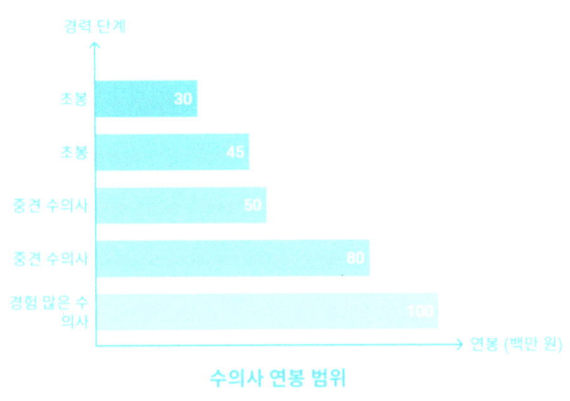

산업동물 수의사(대동물 수의사)의 평균 연봉은 소동물 임상보다 낮은 편으로, 연 4,000만~5,000만 원 선인 것으로 알려져 있습니다. 하지만 축산업이 존재하는 한 반드시 수의사가 필요하므로 직업의 지속성은 매우 높습니다.

동물원 수의사 연봉은 공공기관 처우에 준하며 연 4,000만~5,000만 원대로 알려져 있습니다. 특수한 전문성과 함께 비교적 낮은 급여를 감수해야 하지만, 환경보호 사명감이 큰 분들에게 매력적인 분야입니다.

공무원 수의사는 7급 공무원 기준 초봉 3,500만~4,200만 원에서 시작하여, 중견급 4,500만~6,000만 원, 고위직 7,000만~9,000만 원까지 성장할 수 있습니다. 국가 또는 지방 공무원 신분이므로 정년이 보장되고 고용이 안정적이며, 연금 혜택 등 복지 또한 안정되어 있습니다.

제약회사 연구원의 경우 초봉 4,500만~5,500만 원에서 시작하여, 경력직은 8,000만~1억 원까지 받을 수 있습니다. 동아제약, SK케미칼, 한미약품, 유한양행 등 주요 기업에서 의약품 개발, 임상시험, 규제 업무, 의학 문서 작성을 담당합니다.

사료 회사 수의사는 CJ제일제당, 농협사료, 카길애그리퓨리나 등에서 농장 기술 지원, 제품 개발, 영업 지원을 담당하며 제약업계와 비슷한 수준의 경쟁력 있는 급여를 받습니다.

교수는 조교수 5,000만~7,000만 원, 부교수 7,000만~9,000만 원, 정교수 9,000만~1억 2,000만 원의 연봉 구조를 보입니다. 높은 보상과 안정적인 기업 환경, 국제 협력 기회, R&D 관리직으로의 승진이라는 장점이 있지만, 치열한 채용 과정과 장기 프로젝트 헌신, 규제 압력도 감수해야 합니다.

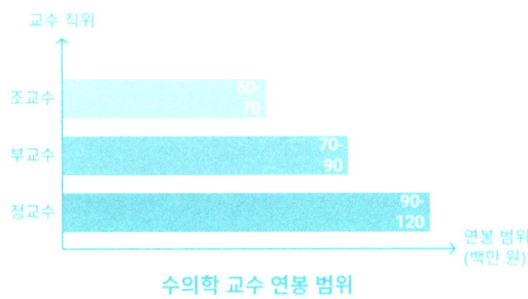

수의학 교수 연봉 범위

한국 수의사의 전체 평균 연봉은 2020년 기준 6,190만 원으로, 조사된 537개 직업 중 45위를 차지했습니다. 고용보험을 기준으로 보면 월평균 임금은 2021년 409만 원에서 2022년 416만 원, 2023년 466만 원으로 꾸준히 늘고 있습니다.

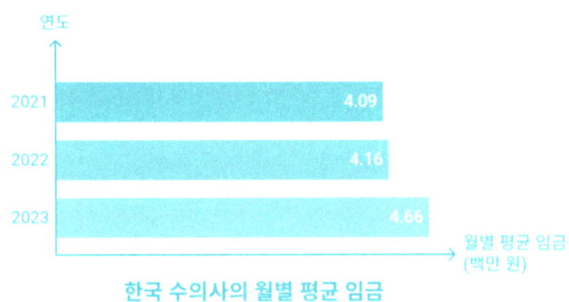

한국 수의사의 월별 평균 임금

특히 주목할 점은 수의사의 사업소득 증가율입니다. 2014년부터 2022년까지 수의사의 연평균 사업소득 증가율은 전문직 중 가장 높은 12.6%를 기록했습니다. 2014년 3,145만 원이었던 수의사의 평균 사업소득은 2022년 8,116만 원으로 약 5,000만 원가량 증가했습니다.

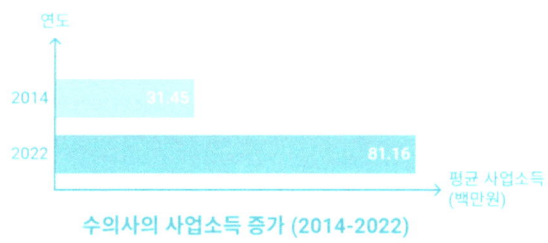

수의사의 사업소득 증가 (2014-2022)

미래의 수의사들에게 쓰는 편지

　이 책을 읽고 있는 여러분 중에는 수의사가 되고 싶은 친구도 있을 테고, 단순히 동물을 좋아하는 친구도 있을 겁니다. 어떤 친구는 앞으로 어떤 일을 하며 살아야 할지 고민하는 중일 수도 있겠죠.

　분명한 건, 누구든 '나만의 길'을 찾아가는 그 여정 속에 있다는 겁니다. 저 역시 처음부터 지금의 길을 정확히 알고 있었던 건 아니었습니다. 좋아하는 일을 좇았고, 때론 시행착오도 겪으면서 천천히 방향을 찾아왔습니다. 한 가지 확신하게 된 게 있습니다. '진심으로 좋아하는 일'은 결국 사람을 어디론가 데려다준다는 사실입니다.

　지금 당장 어떤 진로를 정하지 않아도 괜찮습니다. 정해진 목표가 없다고 해서 뒤처진 것도 아니고, 남들과 다른 관심사를 가졌다고 해서 틀린 것도 아닙니다. 오히려 그런 다양함이 여러분의 삶을 더 풍성하게 만들어 줄 겁니다.

제가 수의사의 길을 걷는 이유는 단지 동물을 좋아해서만은 아닙니다. 생명을 다룬다는 것, 그 무게와 책임감을 매일 실감하면서도 '누군가에게 도움이 된다는 것'에서 큰 의미를 느낍니다. 누군가의 삶에 따뜻한 흔적을 남길 수 있다는 점에서 아주 소중한 일입니다. 여러분도 의미 있는 일을 하고, 누군가에게 의미 있는 사람이 되기를 바랍니다.

어떤 직업을 갖든, 결국 중요한 건 '어떤 사람이 될 것인가'입니다. 세상이 원하는 정답이 아닌, 자신만의 질문을 품고 자신이 사랑할 수 있는 일을 향해 꾸준히 걸어가 보세요. 때론 멈춰 서도 좋고, 돌아가도 괜찮습니다. 하지만 쉽게 포기하진 마세요.

나만의 인생관, 철학을 갖는 것도 중요합니다. 나는 무엇을 하는 사람이 되고 싶은가, 나는 무엇을 할 때 즐겁고 행복한가, 나는 무엇을 할 때 시간 가는 줄 모르고 몰입하는가, 나는 무엇을 결코 포기할 수 없는가. 이러한 질문을 자신에게 수시로 묻고 답해 보세요. 그 과정에서 자신의 정체성을 확실히 알게 되고, 살아가고자 하는 방향과 추구하는 가치를 깨닫게 됩니다. 이것이 확실히 선행되어야 비로소 진정으로 원하는 일과 직업을 선택할 수 있으며, 후회도 덜 하게 됩니다. 한 가지 방법을 드리자면, 머릿속으로만 생각하지 말고, 반드시 글로 써 보세요. 그래야 생각이 정리되고 선명해집니다.

여러분 중 누군가가 이 책을 읽고 수의사의 길을 걷게 된다면, 저는 그보다 더 기쁜 일이 없을 것 같습니다. 항상 마음속으로 여러분을 응원하겠습니다. 고맙습니다.

진로 단어장

알아 두면 쓸모 있는
수의사 용어들

임상수의사 동물병원에서 진료하는 수의사를 의미합니다.

예방의학 병이 생기기 전에 미리 예방하는 의학 분야를 말합니다.

정밀의학 개개인(개체)의 특성에 맞춰 정밀하게 진단하고 치료하는 의학을 뜻합니다.

재활의학 다친 동물이 다시 건강을 회복할 수 있도록 도와주는 의학을 말합니다.

인수공통전염병 사람과 동물 모두에게 전염되는 병을 의미합니다.

방역 전염병이 퍼지는 것을 막기 위한 모든 활동을 뜻합니다.

감정노동 자신의 감정을 숨기고 정서적으로 서비스를 제공해야 하는 노동을 말합니다.

공감 피로(동정 피로) 남을 너무 많이 공감하고 돕다 보니 자신이 지쳐버리는 상태를 의미합니다.

번아웃 육체적·정신적 피로로 인해 완전히 지쳐 무기력해지는 상태를 뜻합니다.

자영업 개인이 자신의 책임 아래 운영하는 사업을 의미합니다.

제로섬게임 누군가가 이기면 누군가는 반드시 지는 구조의 경쟁을 말합니다.

수의예과/수의학과(본과) 수의예과는 기초과정, 수의학과(본과)는 본격적인 수의학 전공 과정을 배웁니다.

직무스트레스 척도(KOSS) 직업에 따른 스트레스 정도를 수치로 나타낸

지표입니다.

펫휴머나이제이션(pet humanization) 반려동물을 가족처럼 여기는 문화를 의미합니다.

공중보건 지역사회 전체의 건강을 지키고 증진하기 위한 사회적·제도적 활동을 뜻합니다.